U0656089

初中语文阅读教学课堂激活探析

施柏明◎著

中国海洋大学出版社

·青岛·

图书在版编目(CIP)数据

初中语文阅读教学课堂激活探析 / 施柏明著.--青岛：中国海洋大学出版社，2018.10
ISBN 978-7-5670-2260-7

Ⅰ.①初… Ⅱ.①施… Ⅲ.①阅读课—课堂教学—教学研究—初中 Ⅳ.①G633.332

中国版本图书馆 CIP 数据核字(2019)第 120918 号

出版发行	中国海洋大学出版社			
社　　址	青岛市香港东路 23 号		邮政编码	266071
出 版 人	杨立敏			
网　　址	http://pub.ouc.edu.cn			
电子邮箱	yyf_press@sina.cn			
订购电话	0532-82032573(传真)			
丛书策划	河北畅志文化传媒			
责任编辑	杨亦飞		电　　话	0532-85902533
装帧设计	河北畅志文化传媒			
印　　制	蓬莱利华印刷有限公司			
版　　次	2019 年 8 月第 1 版			
印　　次	2019 年 8 月第 1 次印刷			
成品尺寸	148mm×210mm			
印　　张	6.125			
字　　数	145 千			
印　　数	1~500			
定　　价	30.00 元			

前　言

在 21 世纪初,我国展开了新一轮课程改革。随着知识时代的到来,世界各国都将把利用教育培养人才当作是推动社会发展的重要支柱。我国教育部制定的《基础教育课程改革纲要(试行)》明确指出:"我们要改变课程过于注重知识传授的倾向,强调形成积极主动的学习态度,使获得基础知识与基本技能的过程成为学会学习和形成正确价值观的过程,要改变课程实施过于强调接受学习、死记硬背、机械训练的现状,倡导学生主动参与、乐于探究、勤于动手,培养学生收集和处理信息、获取新知识、分析和解决问题的能力及合作与交流的能力。"在语文教学中,阅读为重中之重,是提高学生语文素养的重要组成部分。

现代社会是一个信息爆炸的社会。初中生能否在这些浩瀚如海的信息中快速搜寻到自己所需要的信息,并且对这些信息的是非、真假做出准确判断,就取决于他们的阅读能力如何。随着网络的发展,初中生所面临的信息源越来越多,这也对其遴选、鉴别、分析、总结等能力有着更高的要求。因此,如何激发初中生的阅读学习兴趣,使他们主动展开阅读学习,采用科学、有效的教学方法激活语文阅读课堂教学,也成为现代初中语文阅读教学的主要方向。

然而让人遗憾的是,现在的初中语文阅读教学过于死板、机械,一些教师将阅读课堂当成是讲解题目答案、传授语文知识的媒体,不重视初中生是否能够在阅读中做到学有所得、学以致用,忽视了这种阅读教学方式是否能够真正提升他们的语文素养、人文素养。鉴于此,在实际的教学活动中,初中语文教师必须要改变这一传统范式,激活语文阅读课堂,使阅读教学变得生动、形象、有趣,从而不断走向高效。

本书分为四章,分别对激活初中语文阅读课堂的要点进行了分析,旨在探索出一套切实可行的教学方法,充分发挥初中学生的主体地位,使他们能够真正实现个性化阅读,从而提升阅读水平。

在第一章中,笔者对语文阅读教学展开了研究与讨论,主要介绍了初中语文阅读教学的现状、激活语文阅读课堂的意义及新课改下的初中语文阅读所要达到的教学目标,并对这些方面进行了阐述,希望为广大语文教育工作者展开有效的阅读教学提供明确的阅读方向。

在第二章中,笔者对一些常见的阅读文体的体裁进行了分类阐述,主要包括记叙文、说明文、议论文、文化散文和应用文。因为文体的体裁不同、学生的阅读方式不尽相同,所以先对阅读文体的体裁进行阐述,能够帮助教师更好地指导初中生展开有效的语文阅读。另外,这几种体裁的文章对初中生的吸引力不同,只有明确学生的兴趣所在,教师才能够"对症下药",从而真正激活语文阅读课堂。

在第三章中,笔者对阅读方法进行了阐述,包括阅读方法的内容、影响、教学策略等。教学方法是激活阅读课堂的重要保障。如果教师空有一些先进的教育理念,无法将其应用在实践中,那么就相当于纸上谈兵,无法真正地激活阅读课堂。而使初中生掌握科学的阅读方法,就能够促进阅读课堂的高效发展,从而使阅读教学走向正轨。

在第四章中,笔者从宏观层面讨论了初中语文阅读教学的具体策略。例如,在初中语文阅读课堂中需要引入新的教育理念,才能够充分发挥学生的主体地位,使其主动与文本建立良好的沟通与对话。教师需要运用有效的教学策略,如情境教学法、问题探究法、阅读期待法激发初中生的阅读动机,从而不断提高阅读效率,改善阅读教学的评价方法,使评价对初中生产生积极的促进作用,从而保持学生对阅读课堂的期待感。

在撰写过程中,笔者根据需要插入了一些教师的优秀教学案例,以此论证这些观点的可行性与科学性。然而,笔者的探讨与研究还不够深入,无法全面解决所有的阅读教学问题。笔者必定会一如既往地潜心钻研,不断提高自己的教学素养,从而使初中语文阅读教学更上一层楼!

施柏明

2019 年 2 月

目　　录

第一章 初中语文阅读教学的概述与教学方向

第一节　初中语文阅读教学的概述

一、阅读教学的现状

语文学科在多年的教学实践中已经获得了很多进步。例如,教师越来越重视学生的学习主体地位,师生关系趋向平等;教学效率不断提高;教师越来越注重在语文课堂中实现听、说、读、写的全面教学。虽然这些教学成果是可喜的,但是依然存在很多缺陷。下面,笔者将对初中语文阅读教学的现状展开较深层次的分析。

(一)初中生的阅读能力较低

初中生在十几年的学习中,虽然阅读了很多书,但是他们的阅读能力依然较差。例如,学生的知识面比较窄,语言较为匮乏,对文本的认识比较肤浅,阅读水平比较低,不会读书、不爱读书,没有"与书为伍""以文会友"的意识。这导致学生无法快速地在这个信息大爆炸的时代准确地获取有用的信息。

(二)语文阅读课堂呈现"高耗低效"的局面

现在的初中阅读课堂教学普遍存在"高耗低效"的问题。这个问题会直接影响初中生的阅读效果。阅读课堂长期存在的低效问题,使得初中语文课堂失去了活力,学生无法感受到阅读的魅力。实际上,很多初中生并非不喜欢语文,而是不喜欢"老师讲,学生听;老师问,学生答"的语文课堂。这种课堂不能真正调动起初中生对语文阅读的学习兴趣,也因此使得阅读在初中生中的人气较低。

（三）展开阅读教学的目的仍然不能脱离应试

应试教育在我国的历史悠久，对我国初中语文阅读教育产生着十分重大的影响。即使在大力提倡素质教育的今天，人们也不能完全摆脱应试教育的影响。很多教师在展开语文阅读活动的时候，也总是在应试的泥沼里打转。然而，语文学科与其他学科不一样，因为学生无法及时得到学习反馈，会让很多学生失去学习信心。这也导致初中生在语文阅读中由于将自己的关注点放在考试、分数上，在努力过后因为成绩不好陷入两难的境地。一方面，他们不懂得如何才能学好语文，做好阅读，他们也不懂自己是否应该继续以现在的形式学习语文；另一方面，他们受到成绩的打击，在挫折下产生了后退、逃避等消极心理。还有一部分学生认为，学好阅读靠的是天赋，并非是努力就能得到的。

（四）语文阅读呈现"穿新鞋，走旧路"的局面

《初中语文新课程标准》及新的语文教材都为如何培养学生的综合能力、挖掘语文教材中的人文因素、促进他们语文素养的全面提高等提出了建议。这就为语文阅读教学注入了新鲜的力量。但是，很多教师的观念与思维较落后，教学思维已经形成了一种定式，不懂如何响应新课改的号召。因此，教师在面临容量增大的语文教材、《初中语文新课程标准》规定的课外阅读任务、师生受到教学时间的限制等教学限制时往往疲于应付。初中生的阅读能力较低，他们的阅读速度慢、耗时多，且收效甚微。很多课外阅读的任务无法落到实处，也使得初中语文阅读教育的效率十分低下。这就导致初中语文阅读教学呈现"穿新鞋，走旧路"的局面。

以下是一些著名教育工作者对现代语文教育现状的看法。

许纪霖在《我们的教育制度在理论上存在着误区》中指出："像现在这

样一个语文教育,整个破坏了学生对祖国语言和中国文化的兴趣,这是一个比任何事都要痛心的事。"

徐占华在《刍仪〈语文课程标准〉中工具性与人文性的统一》中指出:"用一句话来说,把这么一个富有诗性的、情感的、想象的学科,变得工具化、机械化,这对孩子灵魂的塑造所带来的负面影响不言而喻。"[1]

成尚荣在《不要淡忘了课改的使命》中指出:"追求热闹,内容庞杂,教学比较虚空,不扎实。"[2]

二、阅读教学的目标

目标是教学的起点与终点,也是教学的指导方向,教师要想开展有效的阅读教学,就必须在目标的指导下进行。

学生需要具备独立阅读的能力,并在阅读过程中不断加深情感体验,积累丰富的语文知识,形成良好的阅读语感。学生要学会使用多种阅读方法,学会理解、鉴赏文学作品,并在此过程中不断陶冶他们的情操与品位。学生需要在阅读中不断丰富自己的精神世界,能够在工具书的帮助下阅读文言文等。

在《初中语文新课程标准》中对阅读教学目标有着以下明确的规定:

(1)能用普通话正确、流利、有感情地朗读。

(2)养成默读习惯,有一定的速度,阅读一般的现代文每分钟应不少于500字。

① 徐占华. 刍议《语文课程标准》中工具性与人文性的统一[J]. 作文教学研究,2015(5):146–147.
② 成尚荣. 不要淡忘了课改的使命——语文教学改革主导思想的追问[J]. 人民教育,2006(20):32–33.

(3)能较熟练地运用略读和浏览的方法，扩大阅读范围，扩展自己的视野。

(4)在通读课文的基础上，厘清思路，理解主要内容，体味和推敲重要词句在语言环境中的意义和作用。

(5)对课文的内容和表达有自己的心得，能提出自己的看法和疑问，并能运用合作的方式共同探讨疑难问题。

(6)在阅读中了解叙述、描写、说明、议论、抒情等表达方式。

(7)能够区分写实作品和虚构作品，了解诗歌、散文、小说、戏剧等文学样式。

(8)欣赏文学作品，能有自己的情感体验，初步领悟作品的内涵，从中获得对自然、社会、人生的有益启示。对作品的思想感情倾向，能联系文化背景做出自己的评价；对于作品中感人的情境和形象能说出自己的体验；品味作品中富于表现力的语言。

(9)阅读科技作品，注意领会作品中所体现的科学精神和科学思想方法。

(10)阅读简单的议论文，区分观点与材料(道理、事实、数据、图表等)，发现观点与材料之间的联系，并通过自己的思考做出判断。

(11)诵读古代诗词，有意识地在积累、感悟和运用中提高自己的欣赏品位和审美情趣。

(12)浅易文言文，能借助注释和工具书理解基本内容。背诵优秀诗文80篇。

(13)了解基本的语法知识，用来帮助理解语言上的难点；了解常用的修辞方法，体会它们在课文中的表达效果；了解课文涉及的重要作家、作品知识和文化常识。

(14)能利用图书馆、网络收集自己需要的信息和资料。

(15)学会制订自己的阅读计划,广泛阅读各种类型的读物,课外阅读总量不少于260万字,每学年阅读两三部名著。

语文课堂的目标应该是让学生在"知识与能力""过程与方法""情感态度与价值观"三个方面获得发展。总体来说,初中生的语文素养才是衡量这个阅读目标是否有效的最重要的标准。

在确定阅读教学目标时,教师应该对学生的阅读能力进行考察,确保制订的阅读目标能够促进学生的健康发展。

钟启泉认为:"有效教学研究最终的衡量标准是学生成长,而这种成长将不单单用成绩的高低作为衡量标准。"余文森认为:"教师在相对短的时间,让学生获得了更多、更深的知识和能力,获得了更加丰富、积极的情感体验。"孙传远认为:"有效的课堂教学应是高质量地完成教学任务的教学,应是动态生成师生教与学的智慧的教学,应是关注师生双方生命健康发展的教学。"

(一)《初中语文新课程标准》对阅读能力的分解

根据《初中语文新课程标准》对阅读能力的分解,可以从以下几个方面来进行理解。

1. 认读分析能力。

学生要对文章的词、句、段的认读理解有准确的判断;对句子、段落之间的关系能够做到心中有数,并且可以分析文章的层次、结构以及作者的写作思路。

2. 整体把握能力。

学生要做到对文章可以从整体的角度进行理解，可以领会作者的感情倾向、寓意，从整体上把握文章的主要内容，并且可以对文章的基本写法、表达技巧、人物特点等进行理解。

3. 提炼概括能力。

学生要做到对文章的语段和语篇的要点、写作方法与技巧、作者的思路、文章中的主要人物进行提炼与概括。

4. 阐释解说能力。

学生要能够根据文章的题目要求，对文章的内容进行说明、解说、阐释，对图表、细节、文段、语篇含义及答题理由等进行阐释。

5. 文体辨识能力。

学生要对文章的文体、表达方式、描写手法和艺术手法等进行辨识。

6. 语言品味能力。

学生要具备初步的文学欣赏能力，包括对词、句、段、篇进行品析与思考的能力；在具体的语境中体会到这些方面的表达作用，包括对各种手法和写作技巧的辨析、理解、分析、鉴赏，如正面和侧面描写、对比烘托手法、伏笔照应技巧、悬念。

7. 感受评价能力。

学生要对阅读感受进行表达，对情感倾向进行探究，对文章中的人物进行评价，并对整篇文章提出自己的看法与建议。

8. 探究质疑能力。

学生要对文章中的难点提出自己的意见。可以自行设计问题，并对其进行深刻的思考。

9. 联想迁移能力。

学生要掌握文章中的内容,并以此为基点,联想相关内容的能力;还要有运用自己掌握的其他学科的知识或已经积累的语文知识,对文章进行补充、阐释与拓展的能力。

10. 综合理解能力。

综合理解能力是希望学生有综合阅读和理解文章内容的能力;有运用发散或聚拢的思维能力,求同存异,对文章不同的部分或不同的文章进行比较阅读的能力。

针对上述阅读能力,教师要使阅读目标具体化、细致化,才能使阅读教学更加规范化。

(二)初中语文阅读教学的目标

初中语文阅读教学的目标要综合考虑以下几个方面的教学目标。

1. 阅读目标要考虑学生的发展。

就阅读目标的内涵而言,阅读目标包括知识与技能、过程与方法、情感态度与价值观三个方面。阅读目标的有效性是指教师应该指导学生,让学生能够有所收获、有所提高。具体表现为以下两个方面:一是在认知上,学生由不懂到懂,从少知到多知,从不会到会;二是在情感上,学生从不喜欢到喜欢,从不热爱到热爱,从不感兴趣到感兴趣。

2. 阅读目标要实现教学相长。

在有效的阅读目标的引导下,教师需要不断思考自己的教学行为,不断追问自己"教学活动是否实现了教学目标""有没有更好的方法""学生是否喜欢这种阅读教学""这些阅读目标是否能够引发学生的阅读兴趣"等。教师在不断地学习与实践中渐渐提高了自己的教学能力,保证了阅读教学的质量,从而促进了学生的进步,真正实现了教学相长。

3. 短期效益与长期效益相结合。

教师要具备强烈的时间观念与效益观念,不能跟着感觉走,也不能将效益理解为"花最少的时间,教最多的内容",而要考虑单位时间内学生的学习结果与学习过程的综合评价。因此,教师要结合语文学科的学科特点,在制订短期目标的同时制订长远的目标,使学生获得终身发展。

三、激活课堂阅读教学的意义

阅读教学是语文教学的重要组成部分,所占课时最多,教学比重最大,它所承担的教学任务也是最重要的。在语文教学中,阅读教学的地位是其他教学内容无法比拟的。我们可以先从阅读教学的地位进行阐述,然后再来理解阅读教学的意义。

(一)阅读教学的地位

1. 从语文的学科性质进行分析。

语文学科具有工具性的特点,它是初中生学习其他学科的基础。在实际的教学活动中,我们常常会听到很多数学教师说:"把语文学好,提高你的语文水平,便能透彻理解数学题目的要求。"这主要是因为学生但凡想要展开学习,就必然伴随着识字、认字,从而产生阅读理解,也由此才能完成对知识的分析、归纳、演绎和推理。这一切活动都需要借助语文这一基础学科。正确理解并使用汉字是语文教学最基本的任务。初中生必须要在初中教育阶段的语文课堂中学会使用工具书查找字词,能说普通话,并具有一定的阅读速度;在发展语言能力的同时发展思维能力,激发想象力和创造潜能,逐步养成实事求是、崇尚真知的科学态度,初步掌握科学的思想方法。而想要达到这些目标,都依赖于阅读教学。

2. 从学生的个人发展进行分析。

阅读几乎是人们每天都要进行的活动。通过阅读获取信息,了解最新发展的信息,是想要实现发展所必须具备的一种能力。哲学家、文学家、科学家都说过许多名言警句,也以自己成功的经验证明了阅读的重要性。

阅读教学是学生获取信息、提高阅读技能的有效平台。学生在阅读名篇佳作的过程中能够获得基本的语文知识,如字、词、句、段、篇、语、修、逻、文,也能掌握基本的听、说、读、写能力。除此之外,阅读是一个十分复杂的心理过程,学生进行阅读,能够综合培养与提高自己的观察、记忆、思维、联想等能力。这有助于开发初中生的智力。同时,学生的学习动机、兴趣、性格、意志等非智力因素也参与其中。这能够帮助初中生形成良好的心理品质。这样便可以帮助初中生更好地面对在未来的工作、学习中所遇到的各种困难,他们也能够做到沉着应对、坚持到底,最终获得人生成功。阅读还能够使初中生在浮沉的世界中不断平静下来,陶冶他们的情操,从而形成正确的人生观、世界观、价值观。

3. 从社会需求进行分析。

阅读是一种重要的社会活动,不仅影响着学生的个人发展,还关系着国家的命运。阅读能力的高低直接影响着人才的质量。现下,人们已经进入了知识经济时代,信息技术也发生着日新月异的变化。电视、电脑、网络等科技的发展,使得传递、贮存信息的载体变得多种多样,人类更新知识的速度也在不断加快。有研究证明,一篇关于科技的论文的有效价值最多只能保持五年。所以,面对如此浩瀚且更新速度十分快速的信息,人们必须不断提高自己的阅读技能,突破时空限制,快速获取及时、科学的信息,并在此基础上进行创新与应用,不断增强国家的综合国力,从而实现中华民族的伟大复兴。阅读是人类生活中不可缺少的活动,但是每个人的阅读能力是不同的,阅读动机、兴趣等也存在着十分明显的差异。学生接受的文字信息量、对文本的感知程度与理解的深浅程度、阅读速度的快慢等都与他们的生活环境有着十分密切的联系。那么,将阅读放在社会环境中进行考虑,对重新定位阅读的教学地位也是十分有益的。

(二)阅读教学的意义

1. 丰富知识。

人们有着吸收、传递和贮存知识的责任。这是人类得以发展的生存之本。人类获取知识的途径有以下两种:一是直接获取,学生可以通过自己的亲身实践来获取知识经验;二是间接获取,学生通过书本、文字资料等获取信息。借助书本、文字资料来获取信息,能够突破时空限制。因为书本是几千年来人类积累、保存、传播知识的最重要的载体,对推动社会发展与科学文化的进步有着十分重要的意义。学生通过阅读,能够博览古今,学贯中西。有专家研究证明,一个人80%的知识都是通过阅读得到的,剩下的20%才是通过自身的亲身实践得出的。我国有很多先人都十分注重阅读。例如,孔子反复阅读《易经》,并传出了"韦编三绝"的佳话,还有"头悬梁""锥刺股"。他们之所以能够勤奋读书,是因为阅读具有求知价值。现在,人类已经进入了信息时代,虽然传递、贮存信息的途径越来越多,但是传统的形式依然是以纸张印刷为主,阅读书本依然是学生获取知识的主要途径。

2. 发展智力。

阅读能够使学生变得聪明起来。有研究证明,一个人的阅读兴趣、阅读能力等直接决定着他的智力水平。阅读的内容越多、范围越广,学生在面对问题的时候,才能分析得更加全面、透彻,并因此提高他们的创造能力。中外名人的成才几乎都要依赖于阅读。阅读的本质是一种智力活动,人们在阅读书籍的时候需要感觉、知觉等共同参与,在接收、编码、存贮、提取信息时也需要记忆的参与,在分析、判断、推理、综合文本内容时都依赖于思维与智力。在阅读之后,学生的思想、看法、见解等都是阅读的创造成果。高尔基说:"读书,这个我们习以为常的平凡过程,实际上是人的心灵和上下古今一切民族的伟大智慧相结合的过程。"在大量的阅读中,人们的视野变得更加开阔,人们的思维不再受到局限。阅读是人类最重要的智力能力,是帮助初中生成才的重要助力,是学习之母、智慧之源。

3. 陶冶情操,提高学生的审美能力。

语文教学有着工具性与人文性相统一的特点,在传授知识、培养能力、开发智力的同时,教师需要对学生进行思想教育,帮助学生形成正确的人生观、世界观、价值观。《初中语文新课程标准》也明确指出:"在语文学习过程中,培养爱国主义精神和社会主义道德品质,逐步形成积极的人生态度和正确的价值观,提高文化品位和审美情趣。"[①]为此,入选语文教材的文章大多是一些文质兼美的文章。例如,有《荷塘月色》《春》等描写我国祖国壮美景色的文章,也有《人生的境界》《人生》等富含人生哲理的文章,还有《祝福》《药》等批判社会现实的文章。

学生在阅读中会受到熏陶与感染,也由此来提高他们的气质与审美水平。皮罗果夫说:"一本好书就是一个好的社会,它能够陶冶人的情感和气质,使人高尚。"通过阅读,书中的好思想、好品质能够不断浸透学生的心田,从而使他们在潜移默化的影响下变得高尚起来。不仅如此,书籍是

---

① 中华人民共和国教育部. 初中语文新课程标准[M]. 北京:人民教育出版社,2001:2.

一个储藏美的世界,有着人类光辉的思想、崇高理想世界、艺术形象、语言变化、风格情调、表现方法等美丽之处。学生可在阅读中自发鉴别真、善、美、假、丑、恶等,从而不断提高自己的审美能力。

第二节　新课改下初中语文阅读教学的方向

一、阅读教学的新理念

理念是引导行动的方向,阅读教学要想取得实质性的进步就必须革新理念,树立新型的阅读教学观念。笔者综合考虑语文学科的性质、《初中语文新课程标准》对语文阅读教学的要求、初中生的身心发育特点等多方因素,从文化传承观、个性阅读观、品味鉴赏观、体验发展观和信息技术观五个方面展开讨论。

(一)文化传承观

文化与教育之间的联系是密不可分且相互依存的。中华民族传统文化的保存、继承、演变等都依赖于汉字的传承与记录。那么,自语文这门学科出现,我们就必须要将其与文化紧密联系起来。新课程改革更加强调学生的人文素养与语文素养。这也就要求教师必须要转变传统的"唯分数论"的教育观念,使学生在阅读中了解并继承优秀的文化。

1. 文化传承观的含义。

文化的基础是象征,其中最具有代表性的是语言和文字。我国是世界现存的四大古国之一,自古以来就有着十分灿烂且繁荣的历史,在富有民族个性和民族精神的语言文字的传承下得以保留与承袭。曹明海、张秀清在《语文教育文化过程研究》中指出:"文化作为世代相传的价值体系作用和影响于人,人作为文化的主体适应和创造着文化,文化与人就是通过这种互动在人类发展的历史长河中共同进步,繁荣不息。"①

语文作为母语教育,其本身便是一种文化。语文教育中富含丰富的文化资源。这表示语文教育有着自身独特的文化属性。"语文是文化的载体"体现出语文能够实现文化的传承。它不仅承载了中华民族的文化精神、文化理念和文化成果,汉字、汉语本身的发展也是一种文化特征与文化内涵。因此,语文也被人们看成是"人类文化的重要组成部分"。

在初中教育中,语文无疑是传承文化的重要途径,语文课程也必须承担起传承传统文化的责任。承继文化,使初中生接受上下五千年的历史熏陶,能够使学生在新旧观念的冲突下对我国传统文化的传承保持警觉,使中国传统文化在传承中不断与时代相融合,从而出现涅槃新态趋势的欣欣向荣的局面。

2. 阅读需要传承的文化内容。

初中语文教材中所选择的传统文化丰富多彩。从古代文学的角度来说,有诗、词、文、赋、小说、戏曲等;从社会生活的角度来说,有传统的礼仪文化、道德文化、风俗文化、审美文化、建筑文化、音乐文化、工艺文化等;从情感层面上来说,有传统的人生观、价值观、审美观以及富含中华民族传统的个性观、价值观、道德品质观。

例如,诸葛亮的《出师表》、李密的《陈情表》都是古代疏表奏章的政府公文的代表作;《论语》中的各个节选又能够体现出《论语》所特有的锤炼字句、语言简约的特点;陶渊明、王维、孟浩然等诗人的作品又能够体现出

---

① 曹明海,张秀清.语文教育文化过程研究[M].济南:山东人民出版社,2005:2.

中国传统的封建社会中正直的知识分子厌恶官场、鄙薄功名、淡泊名利等高尚品质。这些词句背后都蕴含着我国古人的优秀品质，也宣扬了中华民族的传统美德。

3. 如何在初中语文阅读中落实文化传承观。

在引导学生进行阅读学习的过程中，教师需要使用新的视角来认识、挖掘语文教材中的传统文化，将其与初中生的实际生活相融合，以学生能接受的形式使其受到良好的文化教育，接受文化熏陶，树立民族自豪感，从而不断传承中华民族的民族精神与民族魂。语文教师在指导学生传承文化时，可以采用以下几个方面的策略。

（1）深入挖掘教材文化内涵。

随着新课程改革的不断深入发展，为真切落实"三维目标"，在阅读教学中明确了阅读经典名著的阅读任务，以此来传承我国传统文化。教师在指导学生进行阅读的过程中，要懂得传播本土文化和传统文化，重新对其进行整合；懂得挖掘与扬弃也成为语文教育工作者的共识。《初中语文新课程标准》也对立足于传统文化的感悟与传承有着更高层面的要求，希望教师能够激发学生热爱祖国、热爱语文、热爱传统文化的情感。

具体来说，在阅读学习中，教师要想指导学生深入挖掘文学作品中的文化内涵，可以采用以下四种策略：一是深入作品主题，挖掘思想内容，以文学作品的情感来感染和熏陶学生。二是走入课文的情境之中，深入挖掘与民族、民俗、文化有关的信息，感受传统文化的风貌。三是串联故事情节，使学生在特定的背景之中，将人物的命运与作者的情感结合在一起，使学生学会思考人生、感悟人生。四是精读文本词句，挖掘课文中的文化背景因素，帮助学生加深感悟和体会。

（2）缩短学生与文化的时空距离。

精心布置文化教学情境,以此来缩短学生与文化的时空距离。现代时尚阅读和流行阅读所缔造的快速、功利化的阅读观盛行。这也让语文阅读呈现出传统文化荒芜、经典作品沦陷的教学现状,那些快餐文学、低俗文化、娱乐经典等反而成为人们阅读的主流;以网络为主要信息载体的阅读方式也影响着学生的阅读观,各种良莠不齐的文章开始侵入人们的生活;直观的影视作品也将学生阅读作品来体会人物的内心世界的感受与体验过程简化,使学生渐渐忽视对细节的精微洞察,学生的语言感受力也逐渐削弱;以反叛为主题的网络文字成为学生寻找心理安慰的避风港;经济时代人们的多元化价值取向,让学生在形成固定的人格与价值观的过程中重新陷入了迷茫。这些都严重影响着学生的语文阅读,也让学生的阅读能力日益衰弱,对饱含文化内涵的文学作品的解读不够深刻,甚至出现娱乐和游戏的态度。

为了改变,教师必须在学生阅读学习的过程中为学生精心制造传统文化的学习氛围,丰富学生的感知,弥补快餐文化的不良影响。教师在对古诗文进行教学的时候,可以精心选择一些教学歌曲或是与古诗文的情境相关联的背景音乐,引导学生在音乐中不断深入地朗读古诗文,品味古诗文的语言,消除学生的陌生感,从而使传统文化触手可及,为传播传统文化奠定基础。

（3）探索、弘扬传统阅读方式,加深学生的体验。

诵读经典的文学作品是现代人们与传统文化进行心灵沟通的最直接途径。古人在学习四书五经的时候,常常以诵读、精读、品味、体悟等方式将自己带入情境之中,由此获得体验。然而,现在的很多教师在阅读教学中总是以自己的讲解为主，给学生留出的朗读时间很少；教师的分析很多，学生的自我感悟与品味很少。时间一长，学生对文章的品读变得越来越少，也逐渐失去了诵读传统文学作品的兴趣。对初中生来说，传统文学作品具有朗朗上口、铿锵有力的特色，词句押韵、旋律悠扬，在反复诵读与体会这些经典作品的过程中，常见的道德概念对学生来说也变得不再陌生。在自读、诵读、齐读的过程中，古诗文中所蕴含的思想情感、意志品质、道德准则等都变得亲切。学生在这个阅读过程中，也仿若聆听先人的教诲。学生在学习与阅读的过程中，不断加深的情感体验也引发学生对古今生活的对比，使其进行思辨性阅读，激发他们作为当代文化传承人的使命感。

（4）开设丰富文化专题讲座。

经典作品不仅会对民族文化有着传递、贮存的作用，还具有优化、整合、更新、创造的功能。因此，教师可以有意识地多开设与古典名著有关的研究性学习、对比学习等，以及开设"中华名著经典选讲"的课程讲座，使学生实现多元阅读，并且使学生在阅读中加深对不同地域、时期的文化理解，了解不同文化的优点及局限，使我国传统文化能够在全球化的世界形势下得到不断的发展。开设丰富文化的专题讲座还有利于促进师生之间的交流。

中华民族传统文化博大精深、源远流长，作为炎黄子孙的我们势必要将其发扬光大。语文教师更应该深入钻研与广泛了解传统文化，引导学生在成长的过程中形成良好的品质，并且树立民族自豪感与责任感，使学生具备刚健有为的人生态度。

（二）个性阅读观

《初中语文新课程标准》指出："阅读是学生的个性行为。"因此，教师在指导学生阅读的时候,应以鼓励与肯定为主,不要在学生自主解读文本的过程中对其进行否定与批判,从而打击他们的阅读兴趣。[①]

1. 个性阅读观的含义。

自从阅读研究的注意力从"作者—文本"转向了"读者—文本",语文阅读教学就应该走向尊重个性化的阅读解读。因此,教师应该让学生以自己的视角来解读文本,使其形成个性化的阅读感悟。教师的阅读教学活动应该以学生的个性感悟为基础,从而在阅读研究中找到新的突破点。在这里,个性化有两层含义,即分析视角的个性化和个体读者活动的针对性。

每个学生都是独立的个体,他们的知识储备、传统与现代文化观、社会阅历、生活经验等方面不同,其智力发展水平、文学修养等极具个性化色彩的因素也影响着他们对文本的解读。这些因素相互作用,成为学生理解作品的先决条件和良好向导。

文本解读是阅读教学中的关键内容,是学生彰显自己个性的生命成长过程。每个学生都需要带着不同的知识背景、成长环境、阅读期待和情绪进行阅读,由此完成文本解读。因此,阅读前的理解、阅读方法、理解活动等都影响着最后的阅读结果,也反映着不同学生的不同思维过程。个性化阅读观是指不同的学生从不同的角度对同一文本进行不同的理解与阐述,能够真正实现个性化教学。

2. 个性化语文阅读学习的基本要求。

个性化阅读观要求教师懂得放手,使学生真正成为课堂的主人,借助文本使学生拾级而上,在作者、学生、教师之间进行对话碰撞,激活每个学生的思维,健全他们的阅读品质,提高他们的阅读能力。在实施个性化阅

---

① 中华人民共和国教育部. 初中语文新课程标准[M]. 北京:人民教育出版社,2001:6.

读的时候,教师应该做到以下几个方面。

(1)发散思维与立足文本相契合。

教师在鼓励学生发散思维时,要使其立足于文本。不同的阅读者能从不同的角度思考问题,从而产生个性化的发散思维,使其对文本产生自己的理解。个性化阅读更加要求教师与学生在分析、评价的基础上不断产生新的理解意义,获得具有创新性的问题答案与解决问题的办法。但不论怎样,这种发散性思维必须要立足于文本。

教师要敢于向书本和权威挑战,解放学生的思想,使学生根据固有经验,联系实际生活,形成丰富的个性化思维。但是,初中生的认知结构还没有发育完善,知识储备比较匮乏,思维不够灵活,导致他们很容易使自己的个性化思维与文本相脱离。在这种时候,教师就必须要与文本进行良好的对话,立足文本,帮助学生找到文本的各种因素,及时对学生进行指导与调控,使学生在拓展思路的过程中不断达成共识,构建出合理的个性化解读意义。对于学生难以理解的部分,教师可以使用不同梯度的问题来进行引导,帮助学生找到答案。个性化阅读仍然需要尊重作者的创作意图与主旨,需要在构建新知识意义的过程中不断再现作品本来的意义。因此,教师要做好宏观调控,使学生的思维收放自如。教师要有意识地训练学生的思维流畅度,提高学生灵活应变的能力。

(2)创作生成与文本信息相关联。

学生再创造的过程贯穿于整个阅读活动,创造可能表现为作品形象的补充与丰富,也可能是对传统解读意义的否定,更可能是经过意义不断创生、转化、聚合、裂变等过程。创作生成也应该与文本信息相互对照。因为任何一部作品都是作者在特定的社会、心理、文化环境下创作出来的,反映着作者对特定的人生、社会、自然、自我的认识，带着作者对人生的独特感悟，具有潜在的历史规定性。每位作者都希望与读者达到心灵上的共鸣，希望读者能够对自己所表达的情感与内涵进行准确的理解。这就需要学生对作者、作者的生活环境与社会背景、作者的人生情感等进行调查与研究。也只有这样，才能构建出具有辩证、合理性质的个性化解读意义。

（3）个性解读与群体探究相结合。

对不同的解读主体来说，解读是一种对话的交流活动，它要求阅读者充分调动自己的主观能动性，积极参与到文本意义的解释与重构的活动之中，从不同的层面上对作者所创造的艺术形象、作者赋予作品的原初意义进行阐释。这些内容能够在学生的头脑中进行再现，并且通过富有个性的思维进行充分的理解与感悟。在学生遇到阅读障碍的时候，他们需要在文本空框结构中填充、渗透自己的人格、气质和生命意识，展开丰富的联想，调动自己的生活经验进行感悟与体会。个性化解读正是通过对文本符号的个性化翻译，重新创造出的具有特色的艺术形象，甚至能够从不同的角度挖掘作者在创作时并未想到的内容，从而不断增加文本的深度。

如果能够将个性化阅读与群体探究相结合，那么就会有效提升学生的阅读能力。文学作品是语言和思想的体现，个性化阅读是学生自我成长和提升人格的过程。教师需要调动起学生的阅读兴趣，使其主动思考、讨论，并在品读中不断进行思维碰撞，产生更多的思维火花。因此，教师切不可将教参当成是唯一的阅读依据，并以此来代替学生的个性解读，而要使学生对文本的理解实现个性与多元的和谐发展。

3. 个性化阅读的教学策略。

教师可以为展开个性化阅读采用以下几种策略。

（1）丰富学生的解读储备。

丰富学生的解读储备包括丰富学生的知识储备（语言知识、文学知识、文化知识）和经验储备。学生只有有了丰富的解读储备，才能结合文本的某个内容或某个题材进行拓展阅读，从而加深理解。解读储备是学生与文本对话的基础，学生阅读储备的丰富程度决定了他们的阅读视野及理解程度。

总体而言，教师可以为丰富学生的知识储备采取以下三种措施。

第一，引导学生拓宽阅读的领域。教师需要将课外阅读作为课内阅读的延伸，拓宽阅读领域，使学生通过多种形式的阅读来理解语言知识，并且通过文字了解文学背景、文学知识、文化意义等。

第二，教材文本与学生实际相结合。将文本与学生的实际生活结合起来，文学作品中内含一种召唤读者阅读的结构机制。尹瑟尔指出："文本对阅读者的召唤是在读者阅读的过程中实现的。"所以，学生应该要顺应这种文本内在的召唤机制。在实际的阅读活动中，学生的期待源于生活，那么解读自然需要立足于生活。在阅读学习中，教师要指导学生利用个性优势发挥他们的阅读潜能，有目的地进行阅读，在文本与学生的实际生活之间架起一座桥梁，使他们理解这些见所未见、闻所未闻的生活事件，不断升华他们的认知。

第三，比较、补充拓宽学生的视野。在课堂上，教师应该为学生留出充足的时间与空间，以突破文本的各种限制。教师可以为学生推荐同一作者的不同文学作品，也可以选择一些主题一致的文章，帮助学生进行比较和补充背景知识。

(2)准确定位关键信息。

个性化阅读离不开文本信息与自身解读储备的利用，更离不开准确定位文本中的关键信息。所以，教师必须要从整体入手，明确解读方向，缩小阅读范围，进行准确定位，使个性化阅读趋向合理。信息定位的方法比较适用于文学文本的个性化解读、主体探究、细节研读等。在定位关键信息时，教师需要从以下两点进行分析。

第一，定位与主题相关的关键词、关键句等。例如，在对《孔乙己》中人物形象进行分析时，我们可以将重点放在"踱进店面"中的"踱"字、"排出九文钱"中的"排"字、"摸出四文钱"中的"摸"字等动词上。"在付酒钱的过程中，'排出'到'摸出'的变化说明了什么？"引导学生关注细节，就更加贴近文本的真实信息。在孔乙己向小伙计们介绍茴香豆的"茴"的写法及给孩子分豆吃的场景中，学生自然能够观察这一被侮辱、被损害的形象中所具备的纯真与善良的品质，从而不断加深对人物的分析。

第二，辨析中心句、过渡句、转折句、结尾句等。有很多文章中的转折是无意的，如果不能敏锐把握与精准定位，就会在对文本的解读过程中受到限制。例如，有的教师用"她也是一个美丽动人的小姑娘"中的"也"来分析莫泊桑《项链》中的马蒂尔德的形象。

(3)深入推测信息。

推测信息是阅读者根据文章所提供的各个信息的感知与分析，在具体的语境中，联系自己原有的知识储备，在文章的基础上所构建的知识意义，并运用推测的思维方法来补足文本中的"空白点"。推测信息的途径有以下四种。

第一，对关键词句及中心主题进行推理。这是指将文本中没有说清楚、讲明白的内容进行推理，以便理解得更加深入与透彻。还是以《孔乙己》为例，文章中对孔乙己的脸色进行了四次描写，即"青白脸色，皱纹间时常夹些伤痕""孔乙己便涨红了脸，额上的青筋条条绽出""孔乙己立刻显出颓唐不安的模样，脸上笼上了一层灰色""脸上黑而且瘦，已经不成样子"，单从脸色变化便可以推想出孔乙己的悲惨命运，也可以对当时人情冷漠、时代炎凉的时代背景进行准确的理解。

第二，对文脉的发展内容与结局进行反思推理。这是指学生要思考："如果不是这样的结局还能怎么样呢？"来培养学生的质疑与批判意识。

第三，对隐含信息进行联想与想象。这主要是将未见文本等隐形信息进行想象与推理。例如，在《孔乙己》中，作者并未说明孔乙己的命运。那么，这就需要学生根据课文中的"到了年关……到了第二年的端午，……到了中秋……再到年关……我到现在终于没有见——大约孔乙己的确死了"的时间记录里可以得出这样一个结论：人们对孔乙己的记忆开始逐渐淡薄，孔乙己被忘却，最终难以摆脱"死掉"的命运，同时作者对这个小人物表达了同情与关注。结尾似断未断，能够拉近学生与特定年代的距离，缩短学生与文本之间的距离，便于学生领悟文本的深沉与含蓄。

第四，对文章内容的前后或不同文章的关系进行推理。这包括文本词句对主题、主旨、主人公的命运、作品结局等进行的显性推理。

通过这几种推理方法进行个性化解读时应该注意以下方面：其一，教师要把握推理起点，即学生的原有解读准备以及通过推理对解读能力的提升与促进；其二，教师应该引导学生进行生活化的逻辑推理，并且通过对文章的主要内容、线索、关键词等联系作品的体裁及作者的写作风格与创作意图，结合当时的时代背景等进行推理，准确地把握文章的写作思路,推测出新的语义信息;其三,推理不能脱离文本,虚无缥缈,必须结合作者的创作意图、文本信息、关键词句、引申意义、双关意义等进行推理来理解作者的言外之意,做到推而有据,以理服人。

小说教学因其内容的丰富、情节的曲折、形象的多异、主题的潜蕴性等特点而呈现教学的多样性。《初中语文新课程标准》指出:"阅读教学的重点是培养学生具有感受、理解、欣赏和评价的能力。逐步培养学生探究性阅读和创造性阅读的能力,提倡多角度、有创意的阅读,利用阅读期待、反思和批判等环节拓展思维空间,提高阅读质量。"①新的课程和新的理念,促使语文教学必须以新的姿态、新的面貌来迎接新的挑战。在新课程的背景之下,教师为了培养学生阅读的感受力、理解力、欣赏力、评价力和创造性,必须打破传统的教学方式。下面以《我的叔叔于勒》为例,谈谈笔者的阅读教学流程。

《我的叔叔于勒》教学案例

第1课时:学生自读课文,谈阅读印象与初读感受。

第2课时:四步阅读法,完成小说赏读。

一、寻读,辨析主要人物

师:(亮点探究1)从标题上看,这篇小说写的是谁?(于勒)从小说的内容看,于勒是小说的主人公吗? 就这个问题展开深入的讨论。

1. 讨论前教师提示:如何判定一个人物是否为主要人物呢? 有以下三个角度:一是看人物着墨的多少;二是看人物在小说中的地位和作用;三

---

① 中华人民共和国教育部.初中语文新课程标准[M].北京:人民教育出版社,2001:6.

是看作家的创作意图。这种带着一个主问题进行阅读的方式被称为寻读,即寻找发现。大家开始阅读,发现后做好记录,然后分组讨论并确定发言人。

2. 学生寻读课文,开始思考批注。

3. 分组讨论,确定本组发言人。

4. 确定四个小组开始交流、汇报各组的发现。

5. 教师归纳小结。于勒不是主人公,于勒在文中是这样出现的:一是全家人的谈话,二是插叙介绍,三是在游船上,真正的主人公是菲利普夫妇。

师:(亮点探究2)于勒虽然不是小说的主要人物,可老师感觉于勒这个人物在文中无处不在。大家的意见是怎样的?请从文中寻找信息并谈谈你的理解。

1. 学生寻读课文,整理相关信息。

2. 相互交流,明确于勒虽然着墨不多,但很重要,他的命运决定着菲利普夫妇的变化,并在他们一家中占据着重要地位,掀起了很大的波澜,他是小说的线索人物。我们带着第一个问题阅读解决了另外一个问题——小说的线索,这就是寻读的效果。

二、理读,体会精妙构思

刚才我们一起弄清楚了小说的线索,下面请大家据此梳理本文的情节,对课文进行梳理式阅读,就是理读。并通过理读各提炼一个字概括其情节内容:

从课文顺序上看:[盼]于勒—[赶]于勒—[赞]于勒—[骂]于勒—[躲]于勒。

从小说情节上看:[赶]于勒—[盼]于勒—[赞]于勒—[骂]于勒—

[躲]于勒。

师:(亮点探究 3)作家为什么做这样的情节安排:①为什么将[赶]于勒以插叙方式安排?②为什么要安排船上相遇呢?教师可以这样设计:"于勒来过几次信,再以写信告知其不幸落魄不可以吗?改后效果有什么不同?"

1. 分组讨论,确定小组发言人。

2. 相互交流,一人发言,其他同学可做补充。讨论明确:①巧设悬念,开头反复渲染盼归的气氛与心情,埋下伏笔;②一波三折,高潮迭起,构成情节的曲折美,"文似看山不喜平"指的就是这个道理;③安排船上相遇给人物亮相提供了一个特有的展台,更能体现主人公的性格特点,具有一种较强的讽刺意味。

3. 教师小结。概括后板书:小说的情节美。

三、品读,评说人物形象

师:本文除了以精妙的构思吸引人,更重要的是以丰满的人物形象而经久不衰。理解人物最好的方法是品读细节,抓住人物的语言、动作、神态、心理去品析。这篇小说写得最精彩的地方在哪里?([骂]于勒,高潮部分)我们先来一起读几个精彩片段,请大家在我的提示下朗读课文片段。

1. "在游船上,父亲被太太高贵的吃法打动了,于是请家人吃牡蛎。他故作高雅、摆架子、爱慕虚荣的高峰,同时也是不幸的开始。母亲的一番话别有情趣。"(读第 23 段)

2. "当父亲朝那年老的水手走去时,突然发现那人很像于勒,神色不安,骤而紧张,以至失魂落魄。"(读第 25 段)

3. "在母亲的要求下,父亲再一次向船长走去,在极度的担忧与恐慌中终于证实那就是于勒。这一消息对于母亲如同晴天霹雳,怒火如同火山爆发,他们从虚幻的幸福峰巅一下子跌入了现实的悲苦深渊。"(读第38段)

4.“也许是对叔叔不幸的一丝同情与怜悯,我给了于勒叔叔10个铜子的小费,但母亲仍不忘做了最后一次精彩的表演,让其卑劣自私的灵魂再次曝光。"(读第46段)

师:(亮点探究4)对人物的描写中,哪些词句最有表现力。抓住这些具有表现力的词句评说人物形象。

1. 品读示范:第25段,品析“不安”“瞪着眼”“赶紧”“十分苍白”“两只眼也跟寻常不一样”“低声”等词语对表现人物的作用。

2. 学生读句品析,评说人物形象。

3. 教师小结。通过品析,我们看到了一个唯利是图、虚伪、自私冷酷的形象,他们以贫富为兄弟相认的原则,在他们眼中,情不如钱!（板书）

四、说读,对人物说话

师:赏读完这篇小说,大家有没有什么话想对小说中的人物说呢? 或者对作者有什么话说吗? 例如,老师读完后,我想对作家说:“莫泊桑,谢谢你的一支妙笔,向我们勾画了资本主义社会金钱至上、人性泯灭的现实。在这样的现实中生活,是人类的悲哀!"大家结合自己的阅读体会说几句好吗?

学生讨论与交流表达中结束了,回顾这篇文章的教学,笔者觉得以下四种构想的实施是成功的。

第一,给学生充分的时间和自由读好文本,这是对话的基础。通读文本并读出自己的感受,这样的阅读才是自由的阅读,有效的阅读。而我们平时的教学,学生自己读书的时间少,自己读出感受的更少。上课伊始,学生还未开口读书,未进入作品之中体验,教师就已经把自己的感受强加给了学生,表现出教师对学生阅读能力和阅读体验的不信任。在教学中,笔者给学生一节课的时间自由读书(自习除外),并要求在读完后能说出自己对作品、人物的认识。事实证明,这个目标实现了。

第二,为学生创设主问题有层次地探究文本,这是对话的关键。这篇小说作为世界文学的经典名篇,既有内容的广度,又有思想的深度。笔者设计了以下主要问题和亮点探究活动:寻读,解决主要人物和线索人物的问题(这是打开文本的钥匙);理读,解决作品的思路(这是学生最易获得的感性认识,并通过理性探究体会构思精美);品读,通过品读细节认识人物形象,进而学习人物塑造的方法(这是小说阅读的中心任务);说读,表达自己对文章主题、人物的认识和理解(这是阅读的更高层次)。这样由浅入深、层层推进,可以让学生逐步感受到探究文本的意义和阅读活动的乐趣。

第三,让学生在探究与对话中表现并强化语文能力。探究式阅读让合作学习的思想得到了最好的实践。在小组探究活动中,谁发言、谁记录、谁补充都有明确的分工。而在表达中,要求学生努力达到表达自己的阅读体验、提炼整合小组的观点,完成说句意连贯、层次清晰、语言优美的话的目标。从一句到几句,再到一段,有理有据,切近题旨。

还记得《初中语文新课程标准》中这样的一段话:"阅读教学是学生、教师、文本之间对话的过程。"根据小说这种文学体裁的特点,实行探究式阅读教学,为学生搭建一个真正开放的交流平台,变文本解读为文本赏读、语言探究,跳出课文读课文,可以让语文课教学呈现新的生机。

第四,学生"唱戏",教师搭台。把时间最大限度地还给学生,让学生、教师、文本三者形成整体,让三者交流、碰撞、沟通。学生可以挑战文本权威,教师也可以有自己独到的见解。阅读教学课堂成了师生共同学习、共同探究的舞台,也成了学生与文本对话、教师与文本对话的平台。

(三)品味鉴赏观

语文阅读中的品味鉴赏,需要学生对文本进行自主感知,并以此为基础来欣赏文本。

1. 品味鉴赏观的含义。

鉴赏性阅读是指为了获得审美的愉悦体验而进行的阅读。潘庆玉在《鉴赏性阅读:欣赏课》中指出:"针对文学作品,结合涵泳、体味、想象、联想,身临其境,产生共鸣,达到认识社会、陶冶情操、丰富精神生活的目的。"[①]从中不难看出,在鉴赏的基础上展开的阅读教学,已经深入到理性认知及审美的精神层面上。阅读教学更加关注学生的思想及其情感,因此,品味鉴赏观是一种提高学生审美能力的重要方法,也是一种将理性认知与感性体验相结合的阅读方法,是阅读的最高境界。

品味鉴赏观是以鉴赏艺术作品的形式为主要目的,在充分理解文章的主旨及思想情感之后,学生对文本的语言风格、表现形式等进行的富有个性化的理解与认识。品味鉴赏观是通过各种具象、抽象的美对文学作品中的艺术美的展现、对学生产生的文化品位及情感等方面的熏陶,能够促进学生感知美、领悟美、内化美、创造美。

2. 新课程改革下的品味鉴赏观。

传统的品味鉴赏观是对文本的品味、鉴赏、欣赏。也就是说,读者在辨别、确定文本的文学价值的基础上,在不同程度上获得的精神享受等活动

---

① 潘庆玉. 鉴赏性阅读:欣赏课[J]. 现代语文(语言研究版),2005(10):25.

过程。而《初中语文新课程标准》教育理念下的品味鉴赏，更加强调"欣赏文学作品中有自己的情感体验，初步领悟作品的内涵，从中获得对自然、社会、人生的有益启示"。也就是说，《初中语文新课程标准》下的品味鉴赏观有以下四个特点。

第一，从过程与方法的层面上来说，要求：主观与客观的统一，即品味鉴赏与尊重作者的统一；感性与理性的统一，即言语形象化和言语逻辑思维的统一；情感与思想的统一，即感性体验和思考深度的统一；内容与形式的统一，即思想内涵与表现方法的统一。

第二，鉴赏文学作品的方法应该将历史眼光与现代眼光相统一。

第三，品味鉴赏的思维空间要将弘扬中华民族传统文化与广纳多元文化视角相统一。

第四，品味鉴赏的心理历程要将传统的重感知、把握内隐性吸收转向重体验、重感悟的创意性文本构建。

3. 在阅读中落实品味鉴赏观的教学策略。

（1）在诵读品读中把握音韵脉动。

阅读，自然离不开读。阅读是将文字信息转化为鉴赏可感的灵性情思的手段。通过反复诵读，综合各种感官来理解文本的节奏美、声韵美、音调美等，或者揣摩语言、联系背景知识及文本的中心内容、上下文语境等来推测出文本信息。

（2）在想象中再现动态画面。

初中生的经历比较匮乏，知识结构也不够完善。所以，将具象化的形式还原为抽象语言的美，也就是学生在感知、内化、鉴赏文学作品中的最直接、最常用的方式。因此，教师需要指导学生在阅读时将这些文字信息进行联想,在脑海中再现这些诗情画意的场景。

(3)在含蓄蕴藉中体味人生百态。

含蓄蕴藉是文学作品,尤其是我国文学作品的独特风格。一般来说,作者复杂的内心世界与情感并不会被直白地宣泄出来,而是含蓄地留一个引子。细心的读者能够鉴别出这些句子的隐藏含义,从而"守得云开见月明"。这正是语文阅读的魅力。含蓄蕴藉中有潜入情境的陶醉之处,也有复杂情感的隐匿,更有人生百态的浓缩。这些都需要学生通过文本中的蛛丝马迹进行鉴别,从而获得阅读的情趣。

(4)在跳跃空白处品味奥妙之处。

作品的文学价值往往需要学生在阅读鉴赏中进行再现。作品的主题、人物形象、逻辑事理等都有着空白点,需要学生在阅读中准确把握作者的思维变化,并对其进行填充。在学习古典诗歌的时候,我们可以从意象及主题入手,如"明月圆满惹相思(乡思),南浦长亭兼送别""征鸿断燕表失离,游云孤舟藉漂泊""春江逝水短光阴,寒蝉秋风当悲凉""芭蕉落花愁思苦,杜鹃乌鸦戚惶深"。

(四)体验发展观

随着《初中语文新课程标准》的颁布与实施,体验在语文中的应用越来越广泛。在语文阅读教学之中,体验也被当成是一种新型的学习方式,受到了人们的广泛关注。

1. 体验发展观的含义。

体验式阅读学习是指学生在阅读中将自己内心的全部情感及心智都融入作品之中,完成感受、感动、欣赏、评价等,并且结合自身的体验与发现,将客观外在的阅读文本和对象转变为经过内心对话与交流的深层对话的语文教学过程。体验式学习强调的是学生的主体地位,尤其是在阅读教学中融入体验式教学法,更能够突显出语文阅读学习的知识与技能、过程与方法和情感态度与价值观的达成度。

2. 在阅读中体验发展观的内涵。

体验强调学生在阅读中的个性化发展。童庆炳在《现代心理学》中指出:"在体验的世界中,一切客体都是生命化的,都充满着生命的意蕴和情调。"①体验发展观强调学生的自我感知、自我经历、自我内化。

(1)体验的触发性。

体验的触发性是指在阅读中激发学生的阅读期待。这种触发,并不只是学生在阅读中的状态调整,也包括学生与文本之间进行的深度对话,从而产生的持久性的阅读动力以及随着阅读的展开而不断产生的新的阅读期待。在这种内驱动力与阅读期待不断被满足后,教师应该与学生携手走向更深层次的阅读教学,懂得适时而进。

(2)体验的情境性。

体验的情境性是指学生在特定的阅读情境中主动构建知识意义的过程。真实的情境能够帮助学生加深在阅读中的体验,从而获得独特的发现。学生走进文本触摸鲜活的人物形象、感叹壮丽秀美的山河风光时,需要情境的支撑。学生也会在这些情境下,对文本进行不同程度的理解与感悟,从而完成个性化的感受与内化。

(3)体验的情感性。

在阅读中,学生的情感会随着作者的情感逐步扩散,在字里行间中品味书中人物的喜怒哀乐与悲欢离合。因此,阅读的过程是情感的展开、深

---

① 童庆炳. 现代心理学[M]. 北京:中国社会科学出版社,1993:54.

化、感染及陶冶的过程,需要学生的主动参与,凭借已有的语言经验获得直觉性的共鸣,从而促进情感体验的升华。

(4)体验的生活性。

阅读往往是受学生自主支配的过程,语文来源于生活且高于生活,生活性本身也是阅读教学的特性。因此,对于知识结构与经历都比较匮乏的初中生来说,生活中的直接经验及间接经验都可以直接转化为学习的资源。

3. 体验发展观的阅读教学策略。

"体"指亲身,"验"代表观察与感受。阅读中的体验发展观便是在真切感受阅读文本具体语境的基础上,作者对文本中的事物及情境所产生的具有个性化意义的教学活动。因此,教师可以采用以下策略来加深学生的情感体验。

(1)诵读入境,激活体验。

阅读最直观的体验方式就是各种形式的读。齐读、轮读、自由朗读、分角色朗读等都需要学生在不同程度上融入文本,将文字转化为直觉思维,使学生的思维保持活跃。因此,学生在阅读时进入文本情境之后,往往会忘却自我,在感受语言的形象美与声韵美的时候进行体验。

(2)涵泳品味,激发联想。

涵泳品味是对语言文字进行比较,尤其是对文本中饱含感情的词句进行细致的推敲,将其高度浓缩的暗示、跳跃、隐晦的味道反复品尝。联想是利用文本中的空白之处在阅读中加入自己的想象、生活经历、情感等,与作者在心灵上产生共鸣。初中语文课本中的阅读文本均为精挑细选的佳作。它们承载着圣洁的情感、庄重的场景、纯美的意境、高尚的情操、人类的文明、亘古的历史,有着外在的语言美、内蕴的情意美。在涵泳与联想的引导下,学生在阅读中可以将剧情还原为真实的情境,获得专属的阅读体验。

(3)拓展内化,促生体验。

促生体验包括学生的生活经验、间接感受及在联想中获得的虚拟经验。经验的内化过程是学生在阅读中将文本转化为自我言语的实践过程。邹鄂生在《语文阅读体验的过程及指导策略》中指出:"内化的过程也是阅读者与文本、与作者、与编者的一种对话的过程,思想的交流、情感的沟通、思维的碰撞、观点的认同与批判、认知的丰富和提升等均可在此过程中得到体现。"[①]这往往能够在学生的阅读过程中突显学生的自我状态,他们在阅读中也能生成别人无法复制的体验。

(4)再读点拨,提升体验。

阅读对于不同的学习者来说,并不是一种呆板的、僵硬的语言内化,而是一种放飞个性的独特学习。这种学习,在与其他学习者进行交流的时候,无论是非对错,都是一种自我视野与文本视野的融合。但是,初中生的学习经验并不丰富,他们在文本中生成的体验,甚至与作者所表达的各种经验并没有交集。在这种时候,就需要教师在指导学生进行阅读时借助学生的各种经验,不断加深他们的阅读体会,促进学生与文本的再度融合。例如,在阅读苏轼的《水调歌头·明月几时有》里的"但愿人长久,千里共婵娟"时,学生在反复地诵读并对诗人的复杂情怀进行感悟之后,教师可以搭建一个信息共享平台,让学生进行交流。学生需要共同探讨苏轼遭到外放的孤独、仕途未卜的困惑、对兄弟之情的怀念及对有情人的深度关怀的认识,从而加深感知。此外,教师可以指导学生根据教材进行表演,让学生

---

① 邹鄂生.语文阅读体验的过程及指导策略[J].教学月刊(小学版),2003(12):21-22.

根据自己的理解对文本进行再创作。这也是对人、事、物、情的自我探究、自我创新的过程。

（五）信息技术观

现代社会是一个信息技术社会，这也为现代世界的经济与社会发展提供了新的支撑点。那么，在初中语文阅读教学中落实信息技术观，促进阅读教学的高效发展也成为当务之急。

1. 信息技术观的含义。

信息技术是指能够支持信息的获取、传递、加工、存储和呈现的技术。教师应该改变传统的过于依赖文字的阅读状态，呈现出一种文字、图像、声音、视频的综合展示，甚至通过与多媒体、网络等有机结合，将阅读变为一种学生高度参与的学习方式。在初中语文阅读中落实信息技术观，不仅扩充了阅读学习资源，还使得语文教学方式发生了变革，将阅读学习变为一种主动建构知识的行为。

2. 信息技术与语文阅读教学的整合。

最初，信息技术是以数字化为特征，用来访问、组织、分析、评价和呈现信息的一系列方法、程序、设备，包括生产、储存、交换和应用等各种技术，包含着各种信息形式。在教育领域，主要包括数字音像技术、卫星电视广播技术、多媒体技术、人工智能技术、计算机局域网、因特网络技术、虚拟现实仿真技术等。建构主义认为，获取知识是学生与外部环境相互交互的结果。学习是知识加工的构成，具有非一致性、独特性和个性化。这就需要信息技术参与意义建构、情境、协作、会话。将信息技术与语文阅读教学相互融合，能够充分发挥信息技术的优势，使学生充分调动眼、耳、口、手、脑等感官，不断提高阅读效率。

3. 新课改理念下的信息化阅读观。

随着时代的发展,关于信息技术的学习革命开始兴起,全日制义务教育课程目标明确提出:"初中生要初步具备收集和处理信息的能力。"不仅如此,《初中语文新课程标准》也提出:"要注重跨学科的学习和现代科技手段的运用,使学生在不同内容和方法的交叉、渗透、整合中开阔视野,提高学习效率,初步养成现代社会所需要的语文素养。"①这就需要教师将语文课程当作信息技术的载体,用来培养学生甄别、获取、内化、传递、创造等信息能力。

在信息化阅读观的影响下,教师需要做出以下四点改变。

第一,信息技术应该为学生在语文阅读中创设多元的信息,形成良好互动的学习环境。

第二,信息技术应该顺应各种阅读学习的需要,并提供丰富的、超越语文教材的教学资源。

第三,信息技术的使用要有利于营造与阅读文本情境一致的环境。

第四,信息技术要有利于学生的甄别、获取、内化、传递、创造等,以便学生展开更加富有个性化的阅读。

4. 信息技术观的落实策略。

(1)拓宽阅读背景,丰富知识储备。

现在,以网络化为特征的信息时代给语文阅读教学提供了丰富的文本信息资源。这些资源突破了原有的时空限制,能够以最快的速度将这些信息呈现在学生面前,使其可以利用网络资源了解文学世界及这些作家的事迹。但是,这需要学生逐步学会从多个角度、多种渠道收集并处理这

---

① 中华人民共和国教育部. 初中语文新课程标准[M]. 北京:人民教育出版社,2001:2.

些信息资源,做好充足的读前准备。例如,在阅读鲁迅的文章时,学生就可以对鲁迅的生平简介、生活环境、创作背景等进行收集,以便理解文本内涵。

(2)丰富文本呈现形式,激发阅读兴趣。

信息技术能够通过文字、图像、音频、视频等多种方式,为学生提供一个可触、可感、立体的文本,让学生在视觉、触觉、听觉中受到全新的刺激,这大大地激发了学生的阅读兴趣。例如,在指导学生阅读《红楼梦》片段的时候,由于受到语言限制,学生很容易失去阅读兴趣。在这种时候,教师可以组织学生在网络上通过"红楼轶事""红学会"等多种渠道学习文本,这很好地消解了学生的畏难情绪。

(3)创设阅读情境,深化阅读体验。

在真实的情境中习得的知识,能够让学生在未来进入相似的情境时轻而易举地被唤起记忆。这有利于优化知识结构,激发学生的阅读兴趣,使学生在应用知识时变得更加灵活。将信息技术接入语文阅读教学,能够借助声画和动态等为学生创设更为真实的阅读情境。这可以帮助学生理解文本信息,解决学习难题。例如,教师可以将古典音乐、彼时场景图片与视频相结合,多方调动学生的感官,使学生受到全新的刺激。

(4)实时共享阅读心得,提高对话质量。

在阅读中,学生很容易受到时间、空间的限制,他们往往很难实现自主化、主动性的阅读学习,尤其是在交流阅读心得时,只有一些成绩较为优异的学生参与。借助信息技术构建一个开放性的共享平台,让学生能够交流阅读心得并实时发布自己的读后感,有利于教师对学生给予个性化的辅导。这不仅能够兼顾大多数学生的学习需要,还能够提高对话质量,使学生学会分享。

以下列举两个初中语文阅读与信息技术的融合教学案例进行详细说明。

案例1:初中语文与信息技术整合教学案例——以周敦颐的《爱莲说》为例

一、教材分析

《爱莲说》是人教新课标版初中语文八年级上册第五单元的一篇文言文,教学课时为 1 课时。

本单元的能力训练重点:学生能够借助注释和工具书读懂课文大意,在反复诵读中领会其丰富的内涵和精美的语言,积累一些常用的文言词语。

《爱莲说》是周敦颐的代表作,以莲喻人,托物言志,表达了作者以莲花君子自勉,不与世俗同流合污的高尚品质。通过本课的学习,带领学生体会作者高洁的情感和不随流俗的积极人生态度,进一步学习托物言志的写作手法。

二、教学目标

(一)知识目标

1. 整体感知课文,理解生动、形象、精美的语言特点,积累一些常用文言实词、虚词。

2. 在了解作者经历和《爱莲说》写作背景的基础上揣摩文中描写莲花的文字,品味作者流露出的情感,了解文章运用的托物言志的写作手法。

(二)能力目标

1. 能流利地朗读课文,理解文章大意;能快速阅读拓展文章,在拓展文章的支持下深入理解《爱莲说》的深意。

2. 学生在自主阅读课文的基础上主动提出问题,提升发现问题、辨析问题的能力。

3. 学生通过自主学习与小组协作学习相结合的方式疏通文义、处理课文难点,提升学生分析问题和解决问题的能力。

(三)情感目标

1. 理解作者高洁的情怀和勇于面对生活、不随流俗的积极人生态度。

2. 有积极的情感体验,欣赏莲的"出淤泥而不染,濯清涟而不妖",有培养自己具有莲的品质的愿望。

三、教学重点、难点

(一)教学重点

学习文言文《爱莲说》,在深入理解课文内容和写作方法的基础上背诵课文,积累文言词语。

(二)教学难点

通过本课的学习,理解作者的高洁情怀,体味所描写的景物与作者所抒发的"志"之间的关系。

四、教学策略

采用任务驱动的方式充分发挥学生的主体作用,学习方式以自主学习与小组协作学习相结合为主。

五、教学过程实录

(一)创设情境、激趣导入

师:我们首先浏览网页中"美丽的莲花",看后谈谈你对莲花的印象。

学生浏览网页图片,回答问题。

师:(总结学生的发言)正因为莲花有这样美好的形象和品质,自古以来,莲花便深受文人雅士的推崇。宋朝的哲学家周敦颐就特别喜爱莲花,为此还写下了一篇传世佳作,今天我们就来学习这篇《爱莲说》。

设计意图:由各种各样的莲花图片引入新课,激发学生的学习兴趣。对莲花的美丽、洁净、亭亭玉立有直观感知,为下文分析、描写莲花外貌形态的语句,体味作者对莲花品质的颂扬做铺垫。

(二)多样阅读、整体感知

1.利用网页资源,了解作者生平。

师:世间的花种类繁多,各具气质。一般来说,喜爱什么花,可反映这个人的心态和志趣。周敦颐这么喜爱莲花,他会是一个什么样的人呢?请同学们浏览网页"作者简介"部分,了解作者生平爱好及写作背景。

学生浏览网页"作者简介"部分,了解作者生平及本文的写作背景。

设计意图:了解作者生平爱好及本文的写作背景,促进学生对课文的理解。

2.多样阅读、感知课文。

(1)听范读。

师:同学们,我们打开书,利用教学网络课件听范读,注意句读、语气、语调。

学生听范读。

(2)自由朗读。

学生活动:自由朗读课文。

(3)学生代表读课文。

师:请两位学生朗读课文,注意语气语调、节奏停顿及作者情感。

学生代表读课文,其他学生听读评价。

设计意图:熟悉课文,了解文中作者的情感,通过反复听读、朗读促进学生对课文的理解。

3. 协作学习、疏通文义。

师:请大家以小组为单位,借助课文下面的注释协作疏通文义。

学生结合课文注释,小组合作学习,疏通文义。

学生以小组为单位反馈,提出本小组内难以准确翻译的语句与其他小组交流。

教师给予总结。

设计意图:通过小组的合作学习,解决字词理解障碍,疏通文义,解决难点句子的翻译;教给学生学习文言文的方法,培养自主、合作探究的学习能力。

4. 小组协作、质疑探究。

(1)独立思考、质疑发问。

学生在整体感知课文的基础上对文章内容、写作方法提出问题。

教师总结学生问题,引导课文理解。

①作者为什么说莲是花中的君子?

②莲、菊、牡丹象征人世中的哪三种人或人生态度? 作者对这三种不同的人生态度表达了怎样的情感?

③作者爱莲,为什么要写菊和牡丹呢?

设计意图:学生就文本内容主动设疑,客观上促使学生加深对课文的理解;教师对学生的问题加以归纳,围绕学生理解难点安排教学内容,激发学生的学习兴趣。

(2)深入探究,解答疑问。

师:为解决同学们感兴趣的第一个问题,请大家找出文中描写莲花的语句,概括这几句写了什么? 作者如此准确生动地进行描写,意在突出什么?

学生活动:画出文中描写莲花的句子,思考并回答问题。

师:这些描写句句写莲而又句句喻人。莲的这些外在的特点,都显示出了其哪些高洁的品格?

学生讨论、回答。

师:莲花具有这样多的高洁品质,难道不能称其为君子吗? 这是明确托物言志的写作手法。

师:为解决第二个问题,先请同学们思考谁喜爱菊、这种人有怎样的人生态度、作者对此抱何态度。

生:(讨论回答)陶渊明,"晋陶渊明独爱菊""陶后鲜有闻"。陶渊明是有名的隐逸之士,他任彭泽县令时,不愿"为五斗米折腰",辞官归隐田园,以酒遣怀,以菊花为伴,他是真正的隐士。所以,菊花隐喻远离官场、躲避现实的隐士。

师:(总结明确)他们虽有气节,但消极避世,作者无意与之为伍。周敦颐的人生态度是主张入世的,隐士不染俗世之尘埃,固然可喜;而君子能做到"出淤泥而不染",境界更高。

师:谁喜爱牡丹? 这种人有怎样的人生态度? 作者对此抱何态度?

生:牡丹,象征世俗"富贵人"。

师:(补充时代背景)唐朝初期,人们特别推崇牡丹,把牡丹视为珍品,誉为国花。到贞元时,对牡丹的赏玩更成为盛行长安的社会风气。暮春时节,车水马龙,权贵们不惜高价争相购买。由于统治者的提倡,长期以来形成一种竞效奢靡、争攀富贵的不良社会风气,直至宋朝依然存在。因此,周敦颐文中明写牡丹,实际上是对当时权贵及世俗之徒追慕荣华富贵的嘲讽。"牡丹之爱,宜乎众矣!"字里行间讽刺意味十足,对争名夺利的权贵们,他不屑一顾。

师:谁喜爱莲?这种人有怎样的人生态度?作者对此抱何态度?

生:作者爱莲,莲是花中的君子,他从内心热爱,并且是努力效法的。

师:明确了以上两个问题,咱们一起思考第三个问题:"作者爱莲,仅仅写莲不就行了吗,为什么还要写菊和牡丹呢?"

生:运用衬托的手法,突出莲的超凡脱俗。作者以莲自喻,借抒写爱莲之情表达自己淡泊名利、洁身自好的人生态度和高尚的品格,婉转地批判了追名逐利、趋炎附势的恶浊世风。

师:(总结学生发言)莲花和菊花虽然都不满现实,但后者采取逃避态度,前者则敢于面对现实,在污浊的生活中保持它高洁的情操。因此,莲花比菊花显得更加可贵。作者通过对三种花德行品格的描写,以牡丹作为反衬,用菊花作为陪衬,就自然把莲花的美好形象树立在读者的心目中。

设计意图:学生通过合作探究、讨论交流,理解作者的高洁情怀和不随流俗的生活态度。学生通过研读,深入文本,在欣赏文章的同时理解了作者的情感。

(3)拓展阅读。

师:古人说:"言为心声。"莲花正是周敦颐所追求的理想人格的化身。我们再看"比较学习"和"拓展阅读"两个栏目,阅读关于菊、牡丹和莲花的诗文谈谈自己的体会和感受。

学生浏览网页,阅读诗句、文章,谈谈自己的感受和体会。

设计意图:通过拓展阅读,学生进一步领会本文托物言志的手法;同时能够理解由于各个作者所处的时代不同、个人经历不同,所以他们即使面对同一事物也会有不同的理解,所言的志也会不同(也就是说,同一个事物可能在一篇文章中被歌颂,也可能在另一篇文章中被批判)。此环节不仅加大了学生的阅读量,还尊重了学生不同的阅读体验。

(4)教师小结。

作者既不愿像陶渊明那样做一个隐逸者,更不屑像众多俗人那般贪慕富贵。在当时浑浊的世间,他以莲自喻,志在坚贞不渝地保持正直的操守,实在难能可贵。有这样高贵的人品,难怪他能写出这样经世不衰的佳作。同学们,希望我们都追求高尚的情操,做像莲一样正直的人。

案例 2:初中语文阅读与信息技术的融合教学案例

一、课题摘要

1. 教学题目:《散步》。

2. 所属学科:初中语文。

3. 学时安排:1 课时。

4. 年级:七年级上册。

5. 所选教材:义务教育课程标准实验教科书人民教育出版社(2016年版)。

二、学习内容分析

学习目标描述(知识与技能、过程与方法、情感态度与价值观)。

(一)知识与技能

1. 在有感情地朗读课文的基础上,整体感知课文内容。

2. 在问题探究的过程中通过适时的点拨,培养学生的文本理解能力,锻炼学生的语言表达能力。

(二)过程与方法

1. 作为起始年级,注重学生课前字词预习习惯的培养,积累散文优美的语言。

2. 关注文中美的故事、美的人物、美的情感,学会圈点勾画的阅读方法。

(三)情感态度与价值观

1. 感受生活中的浓浓亲情,让学生在家庭和生活中学会尊老爱幼、理解他人、关爱他人。

2. 培养学生的责任意识,同时教会学生珍爱亲情、珍爱生命。

三、学习内容与重点难点分析

课文分为故事梗概和作品精彩片段赏析。在教学实践活动中,要发展学生多向思维的能力,提高学生的语言综合素养;引导学生整体感知课文内容,品析文中美的故事、人物和情感。引导学生在生活中从珍爱亲情和生命、明确自己现阶段责任并力争做有责任意识的人做起。

(一)教学重点

1. 内容:引导学生整体感知课文内容,品析文中美的故事、人物和情感。

2. 应对措施:阅读速度训练—梳理文本情节—感知责任意识—激发阅读兴趣。

(二)教学难点

1. 内容:信息技术与语文学习的整合。

2. 应对措施:利用多媒体和投影设备教学。

四、学习者特征分析(说明学生的一般特征、入门技能、学习风格等)

(一)一般特征

七年级学生已经基本具备了快速阅读的能力,会随着自己的阅读兴趣进行各项阅读活动,小组合作交流意识也已形成。

(二)入门技能

学生已经对文本进行了品读,了解了文本内容,对学习文本有一定的基础。

(三)学习风格

感悟中年人的深沉情感和家庭责任,对人生阅历尚浅的七年级学生来说有一定的难度;诵读勾画、合作探究等方面需要教师的有效引导。

五、学习环境选择与学习资源应用

(一)学习环境选择(在□内打√)

(1)简易多媒体教室□;　　　(2)交互式电子白板□;

(3)网络教室□;　　　　　(4)移动学习环境□。

(二)学习资源应用

1.梗概:

(1)媒体类型:PowerPoint(PPT)课件。

(2)媒体内容要点及来源:理清文本及相关阅读考题。

(3)教学作用:畅所欲言。

(4)使用方式:答题设计。

2.片段:

(1)媒体类型:PPT课件。

(2)媒体内容要点及来源:美的故事、人物和情感。

(3)教学作用:抓住片段。

(4)使用方式:播放音乐。

3.拓展:

(1)媒体类型:PPT课件。

(2)媒体内容要点及来源:阅读拓展——《生日》。

(3)教学作用:知识拓展。

(4)使用方式:文字呈现。

(三)板书设计

《散步》

莫怀戚

初春田野——生命

分歧——亲情

背——责任

六、流程规划与活动设计

(一)导入新课

设计意图:问题激疑,情境导入。

(聆听音乐《我们的田野》,播放关于春天田野美丽的图片,营造轻松愉悦的课堂氛围。)

师:同学们,当你置身于美丽的田野风光中,你最想干什么?

学生回答。

师:散步,多么惬意的事情,欣赏美丽的景色,满怀美好的心情。今天,让我们用这份美好,学习当代作家莫怀戚的文章的内涵。

(二)有感情地朗读课文,整体感知课文内容

设计意图:一方面,起始年级应注重语文基础知识的积累,让学生学会在课前利用工具书进行学习,养成良好的预习习惯;另一方面,通过问题的设置与完成让学生感知文中美的故事,锻炼学生的概括能力。

1. 读前工作。

首先,强调读准字音:分歧(qí),霎时(shà),拆散(sàn),水波粼粼(lín)。

其次,出示问题:"文章讲述了怎样一个故事?"

2. 读中工作。

学生带着问题,有感情地朗读课文。

3. 读后工作。

学生回答问题,教师可从以下三个方面适时点拨。

第一,用两个字概括故事内容。

第二,用文中的一句话概括故事内容。

第三,关注记叙要素,用一段话概括故事内容。

4. 教师总结。

我们要在平常小事中感知到故事的美。

(三)合作探究,品析情感

设计意图:在感知文章内容的基础上进行合作探究,要求学生采用圈点勾画法,结合学生已有的生活体验对文本有进一步的关注;以情感为主线设计一系列相关问题,让学生关注人物,美的人物为美的情感做铺垫;学生在此基础上把握文章情感,并能深层次地探究作者的写作主旨,感悟作者对于生命与责任的思考。此环节旨在培养学生的文本理解能力,锻炼学生的语言表达能力,同时让学生真正在生活中学会珍爱亲情、珍爱生命,做有责任意识的人。

首先,学生合作、探究。其次,教师适时点拨、归结。

师:世间万物皆有情,故事让我们感受到了什么样的情感?

(提示:亲情。)

师：在充满浓浓亲情的散步过程中，你最欣赏谁的表现？请圈点勾画文中语句并具体谈谈。

（学生结合自己对文本的理解说出自己的看法，教师适时点拨。）

（提示：母亲，年迈、顺从、谦让。"我"，孝顺、有责任感。妻子，贤良、温顺。儿子，顽皮、有灵性、懂事。）

师：我们看到的是一个幸福和睦的家庭，大家彼此谦让、互敬互爱。

师：文章在表现"亲情"的同时，还有作者理性的思考，在文中找出（圈点勾画）相关语句并说说自己的看法。

（提示：生命与责任。）

探究并朗读感悟。生命：重点探究第4段；责任：第6段、第8段，重点探究第8段。

第4段："这一切都使人想着一样东西——生命。"

（提示："这一切"包含的意象：田野、新绿、嫩芽、冬水。春意盎然，充满生机，生命律动。）

第6段："一霎时，我感到了责任的重大。"

第8段："但我和妻子都是慢慢地，稳稳地，走得很仔细，好像我背上的同她背上的加起来，就是整个世界。"

（提示："我"和妻子都人到中年，是承前启后的一代人，既要扶老又要携幼，既要赡养老人又要教育子女。此话写出了作者的使命感，作者深知肩负的重担，责任重大。"慢慢地，稳稳地，走得很仔细"，出于对各自背上亲人的关爱，出于对生命的赞美和爱护，正是作者自己说的"好像我背上的同她背上的加起来，就是整个世界"的责任。）

说明：笔者设计了——背：背小的，背老的；将整个世界背起来，中青年人责无旁贷——莫怀戚《〈散步〉的写作契机》。

师:(总结)美好的情感需要我们用心呵护,更需要我们用行动去珍爱。

(四)教师归结

设计意图:把握知识,升华情感。

初春田野——生命;分歧——亲情;背——责任。

(五)创新表达

学生围绕亲情完成仿写训练。

设计意图:句式训练,学生结合自己的生活体验对亲情感悟的思索和分享,"以小见大"写作手法的练笔。

1. 教师导入。

普通的一次散步,折射出了美丽的亲情,这种写作手法叫作悟的思索和分享,以小见大动作、一个眼神、一个守候的身影……都包含浓浓的亲情,请大家一起分享自己的亲情,按照要求完成仿写练习。

2. 仿写句式。

要求:按照句式,围绕主题完成仿写练习。注意"小事情"见"大感情"。

亲情是受伤时,父母那温暖的怀抱。

亲情是 _____,_____。

亲情是 _____,_____。

3. 交流总结。

学生完成之后交流,教师适时点拨、评价。

(六)结束语

师:亲情,是人生永恒的美丽。高尔基说:"在岁月的长河里,人与人之间最宝贵的是亲情,最难以割舍的还是亲情。"我想,亲情不是单靠今天课堂上片刻的时间来领会的，它更需要我们用一生的光阴来感悟；亲情不仅仅是声情并茂的诉说，应该是落到实处的行动；亲情不能只是父母的无偿给予，更应是儿女无言真诚的回报。学会珍爱亲情、珍爱生命，做有责任意识的人。同学们，希望这节课能成为你人生路上的一笔财富。

(七)作业

课外小练笔：写自己家庭生活中平凡而感人的亲情故事。尽量用"以小(事情)见大(情感)"的写作手法。

七、学习活动索引设计

依据教学流程将学生学习活动依次填入表 1.1 中。

表 1.1　学习活动索引设计

序号	活动内容	使用资源	学生活动	教师活动
1	导入新课，激发阅读兴趣	音乐《我们的田野》	交流	引导
2	阅读梗概，了解主要内容	PPT 课件	阅读	指导
3	浅显探讨、分析文本内容	PPT 课件	讨论	参与
4	阅读片段，加深阅读认识	PPT 课件	赏析	评价
5	拓展延伸，扩大阅读范围	PPT 课件	阅读	激发

八、教学实施方案

(一)导入新课

教师利用 PPT 课件出示小说图片。

学生认识作者，认知文本。

(二)学习梗概

教师利用 PPT 课件制作阅读考题。

学生概括内容，开展讨论。

（三）分析文本

教师利用 PPT 课件组织学生交流分析人物。

学生进一步了解故事情节。

（四）赏析片段

教师利用字幕式引导学生进行阅读速度训练。

学生畅谈精彩片段的内容和阅读体会。

（五）拓展阅读

教师利用简易多媒体图片出示群书阅读的概况。

学生总结，阅读课后继续阅读相关小说。

九、拓展延伸，扩大阅读范围

（一）评价形式与工具（在□内打√）

(1)课堂提问□；　　　(2)书面练习□；

(3)制作作品□；　　　(4)测验□；

(5)其他□。

（二）评价量表内容（测试题、作业描述等）

1. 世间万物皆有情，故事让我们感受到了什么样的情感？

2. 在充满浓浓亲情的散步过程中，你最欣赏谁的表现？请圈点勾画文中语句并具体谈谈。

3. 文章在表现亲情的同时，还有作者理性的思考，在文中找出（圈点勾画）相关语句并说说自己的看法。

4. 如何理解"但我和妻子都是慢慢地，稳稳地，走得很仔细，好像我背上的同她背上的加起来，就是整个世界"这句话的内涵？

二、阅读教学的新任务

阅读教学在不同的教育阶段有着不同的教学目的。总体来说,阅读教学的一般目的是为了培养学生的阅读兴趣,使其养成良好的阅读习惯,掌握科学的阅读方法并形成一定的阅读学习能力。

(一)培养阅读兴趣

1. 阅读兴趣的简述。

阅读兴趣是指学生对文献和从事阅读活动的兴趣,是一种愿意主动参与阅读活动的心理倾向,直接决定着学在阅读中的学习态度。孔子说:"知之者不如好之者,好之者不如乐之者。"这也强调了阅读兴趣的重要性。

教师要想激活语文阅读课堂,取得良好的阅读效果,就必须要培养学生的阅读兴趣。因为学生只有在兴趣这一内驱力的推动下,才能产生良好的阅读动机,也才能提高阅读效率。法布尔认为,兴趣能"把精力集中到一点,其力量好比炸药,立即可以把障碍物炸得干干净净"。布鲁纳也说过:"学习的最好动力是对学习材料的兴趣。"

2. 阅读兴趣的分类。

学生的阅读兴趣多样化,根据不同的标准可以将阅读兴趣分成不同的种类。

根据引起阅读兴趣的原因可以将其分为直接兴趣和间接兴趣。直接兴趣是指由文献或阅读活动本身引起的兴趣;间接兴趣是指阅读活动的目的和任务,特别是文本的社会价值所引发的兴趣。阅读的直接兴趣与间接兴趣可以相互转化,人们但凡明确了读物的重要性之后,就会对原本没有兴趣的读物产生间接兴趣。而在阅读过程中完成了预定的目标之后,也会激发学生的直接兴趣。

根据兴趣的广度可以将兴趣转化为广泛兴趣和中心兴趣。广泛兴趣是指对多方面的文献或阅读活动都有兴趣；中心兴趣是指对某个方面的文献或阅读活动有着浓厚且稳定的阅读兴趣。中心兴趣讲究"精""专"，广泛阅读讲究"博""广"，二者相互联系、相互促进。

根据阅读的心理表现形式可以分为直觉兴趣和潜在兴趣。

根据阅读兴趣的时间长短可以分为持久兴趣和暂时兴趣等。

3. 培养阅读兴趣的方法。

阅读兴趣是在阅读的实践中形成并发展的，教师在激发学生的阅读兴趣时，可以从以下几个方面进行。

(1)明确阅读目标。

学生的学习任务繁重，时间有限，如何让学生在有限的时间内阅读更多的书籍并在阅读中以轻松、愉悦的心理进行阅读，是教师所要思考的重要问题。明确阅读目标对培养学生的阅读兴趣有着十分重要的意义。将阅读目标和崇高的人生目标联系起来，并且深入文本内部，挖掘与探索这些含义，就有可能激发学生的阅读兴趣。在帮助学生明确阅读目标的时候，教师要注意考虑学生的年龄特点及他们的知识结构，这样才更有利于操作；反之，如果阅读目标过于宏大，那么便不易落实，不利于激发学生的阅读兴趣。

(2)追求成功的阅读。

追求成功的阅读能够强化学生的阅读兴趣。成功的阅读意味着阅读主体经过认真研究之后，对文本的内容及各个部分之间的联系有着深入的了解，并且能够阐述阅读的规律或者能够写出读后感。这样成功的体验能够让学生感到兴奋、快乐，从而获得愉悦，也因此使得他们对阅读的兴趣更为浓厚。

（3）采用有趣的阅读方法。

有趣的阅读方法是指学生通过寻找一定的阅读方法与途径，增强阅读主体的趣味性与生动性，从而逐步培养出学生的阅读兴趣。例如，教师可以使用谐音法，也就是将一些毫无意义的文字资料进行谐音处理，使其成为新奇、有趣的语句，帮助学生进行愉快的阅读。又如韵律法，也就是将所学知识变成充满节奏、韵律的歌诀，便于学生记忆。

（二）帮助学生养成良好的阅读习惯

习惯是一种较为定性的行为，是在长期的反复活动中养成的一种惯性行为力量。已经养成的习惯，如条件反射，是不需要强制便能自觉展开的一种行为倾向。良好的阅读习惯对于阅读教学来说至关重要。然而，一直以来教师在阅读课堂中习惯了唱"独角戏"，事必躬亲，完全忽视了学生的阅读能动性。这不仅不利于学生掌握文本知识，还让教师的教学任务十分繁重，承受着较大的教学压力。因此，在教学中，教师应该注意帮助学生养成良好的阅读习惯，使其养成自觉爱书、专注读书、持续阅读、边读边想等良好的阅读习惯。

（三）培养学生的阅读能力

《全日制义务教育语文课程标准（实验稿）》中指出："语文课程必须面向全体学生，使学生获得基本的语文素养。语文课程应培育学生热爱语文的思想感情，指导学生正确地理解和运用语文，丰富语言的积累，培养语感，发展思维，使他们具有适应实际需要的识字写字能力、阅读能力、写作能力、口语交际能力。"[1]其中，阅读能力依赖于阅读教学。阅读能力主要包

---

[1]　中华人民共和国教育部.全日制义务教育语文课程标准[M].北京:人民教育出版社,2001:1.

括以下几个方面。

1. 感受能力。

感受能力是指阅读中对语言文字符号进行认读、感知的能力,是一种最基本、最初步的阅读能力。当学生刚刚接触阅读文本的时候,认读与感知便开始了,表现为阅读文字材料。只有在反复的诵读中,学生才能够了解文章的作者、写作背景、篇章结构、内容、谋篇布局、写作特点等。感知文章的内容与特点是指导学生进行阅读的起点,对激发学生的阅读兴趣,使他们的思维一直处于活跃状态十分有利。要想培养与提高学生的感受能力,只能让学生静下心来进行反复的诵读与感受,学生要自己去感受课文。在教学中,教师可以要求学生进行多次阅读。例如,第一遍要认清陌生字词,初步了解文章大意;第二遍要厘清文章的脉络,了解作者的写作方向;第三遍要熟练阅读课文,对文章的内容与情感了然于胸。

2. 理解能力。

理解就是弄明白课文的内涵与情感。相较于感受来说,理解是更深层的阅读,也是阅读能力最主要的标识,直接影响着阅读的质量。因此,理解能力可以说是阅读能力的核心组成部分。学生要想形成理解能力必须具备以下几个条件。

(1)具有广博的知识。

余永刚在《阅读的三种境界》中提出:"阅读理解是读者把读物内化为自身知识和观念的过程。"[①]因此,形成理解能力的必备条件便是具有广博的知识。心理学家奥苏伯尔指出:"一切有意义的学习,都是在原有的学习基础上产生的,不受学习者原有认知结构影响的有意义的学习,

---

① 余永刚. 阅读的三种境界[J]. 阅读与写作,2002(6):21-22.

是不存在的。"在阅读时,学生不可避免地需要调动自己的认知结构,动用自己的知识储备来完成对文本的解析。教师在教学中可以给学生推荐一些与课文相关的课外书目,让学生在课余时间进行阅读,不断扩大他们的阅读量。

(2)丰富的生活经验。

生活经验是指学生的人生经历,包括他们对人生、世界、感情等多方面的综合体验。生活经验越多,学生的理解程度就越深。从某种程度上说,阅读理解就是学生将自己的生活经验进行汇总与重组的过程。当然,初中生的年龄还小,生活经历并不丰富,但是他们不必非得亲身经历所有的事情,他们可以通过阅读来丰富自己的生活经验,从而取得事半功倍的效果。

(3)具备良好的心智。

阅读是一项心智活动,有赖于分析—综合、抽象—概括、归纳—演绎、比较—分类、具体—系统等。这些活动都需要学生的心智参与,从而达到理解文意的目的。

3. 评价鉴赏能力。

评价鉴赏是指鉴别读物内容的是非、精华与糟粕,对读物的写作技巧及语言特色进行分析与鉴赏,评价读物的价值及社会作用等。评价鉴赏与理解能力不同,二者的区别在于:理解是通过文章的形式正确了解这些形式所反映的内容,并且准确获取文本的内涵;而评价鉴赏是在理解的基础上,对文本进行整体或局部评价与欣赏。由此可以得出,理解是以读懂为目标,评价是以读懂为基础。但是,学生在阅读时,阅读、理解、评价与鉴赏往往是同时进行的,没有先后顺序。学生已有的知识、经验、思想、情感等都对评价有着十分重要的影响。

4. 记忆能力。

记忆是过去的经验在头脑中的反映。人脑思考的问题和结论、体验过的情感、练习过的动作等都是记忆的对象。记忆是一个十分复杂的心理过程，识记、保持、回忆或再认是记忆的基本环节。识记是识别和记忆事物，保持是巩固已有的知识、经验等，回忆或再认就是在不同的情况下将过去的经验调动起来的过程。这三个环节是相互联系与制约的。

在记忆时，我们可以根据不同内容的记忆特点等进行分类。一般而言，可以按照记忆的内容将其分为以下四种：一是形象记忆，如感知过的事物形象；二是逻辑记忆，概念、共识、规律等；三是情绪记忆，体验过的情感及情绪等；四是运动记忆，做过的运动或动作等。

在培养学生的记忆能力时，除了要明确记忆目的、记忆规律、记忆方法，还要让学生反复阅读，这是最重要的。我国桥梁学家茅以升在记忆圆周率时这样说道："说起来也很简单，重复！重复！再重复！"德国心理学家艾宾浩斯也曾经说出了遗忘的规律是"先快后慢"。在新课程改革下的语文阅读教学中，强调要以自主、合作、探究的方式进行教学，反对"死记硬背"这一传统模式。这就让很多教师在教学中产生了比较极端的做法，学生该记的也不让记，完全忽视了记忆的重要性，严重影响了阅读质量。语文学科的特点决定了人是无法离开记忆的，尤其是阅读更需要记忆的参与。因此，在语文阅读教学中，教师需要正视记忆能力，以科学的方式来提高学生的记忆能力，从而推动他们阅读能力的提升。

三、阅读教学的新问题

虽然自新课程改革以来，我国初中语文教学的性质、目标等都呈现了新的教育局面,但是依然没有摆脱传统教学模式的影响。在现阶段的初中语文阅读教学中,依然普遍存在一些问题导致初中语文阅读教学的效率没有得到明显的提升。下面笔者将对新课程改革下的初中语文阅读教学中存在的问题进行简单的介绍。

（一）对话教学形同虚设

《初中语文新课程标准》中明确提出:"语文教学应该在师生平等对话的过程中进行""阅读教学是学生、教师、文本之间的对话过程。"[①]

对话理论起源于巴西的教育学家保罗·弗莱雷。他认为教师的角色应该是"灌输者",整个教学模式应该是"存储—灌输—储存"的方式。这个教学理论要求教师与学生要以一种自主、探索的形式来完成教与学的活动,每个人都应该在教学中获得自我认识,并且批判性地看待周围的世界与环境。阅读教学不仅是简单的学习语言、生字词等简单的技巧与方法,它还要在不同的文化背景下使教师、学生、作者在过去、未来、现在的不同时空中进行交流与碰撞,是人们的思维与精神的碰撞与交流。但是,在语文阅读教学中,对话教学变成一种简单的问答教学,教师总是刻板地照搬"对话"的教学理论,违背了对话教学法的实质,最终依然无法摆脱"灌输—接受"的传统模式。这主要体现在以下三个方面。

第一,在看似热烈回答问题的过程中,学生并没有自己的思考,他们都在迎合教师的思路,寻找一些并不需要思考的答案,回答一些"明知故问"的问题。

第二,学生看似是在与教师、文本进行对话,提出了一些看似具有创新性的见解,但是这种回答模式已经严重脱离了阅读教学的初衷,没有真

---

① 中华人民共和国教育部. 初中语文新课程标准[M]. 北京:人民教育出版社,2011:8-9.

正挖掘文本内涵。

第三,在对话过程中,师生没有投入自己的真情实感,缺乏思想与情感的交流与碰撞,文本也游离在学生的思想之外。

(二)文本阅读较为缺失

狄尔泰指出:"所有未被解释的世界与客观等都属于文本。"这属于广义的文本内涵,指代所有有待解释的事物。从狭义层面来说,文本是一切通过书本记录的东西。在语文教学中所说的文本一般是指狭义的文本内涵,然而现在的初中语文教学存在一个很严重的问题便是文本阅读的缺失。造成这种现象的原因主要有以下两个方面。

第一,在文本阅读的过程中常常会看到人们对文本内涵的误解或浅薄的分析。然而,自主教学并非是指让学生无限制地脱离文本的固有模式。因此,教师要引导学生还原文本的原貌,尊重作者原始的创作意图,然后再引导学生进行创新性的思考。

第二,多媒体教学设备的过多使用导致学生的阅读能力下降。多媒体是一种辅助教学设备,具有形象性、生动性、及时性、大容量性等特点。这些特点都极大地丰富了语文教学活动,让语文阅读教学走向了信息化、数字化。然而,多媒体教学虽然能将教师从板书、长时间的备课等活动中解放出来,但是也让学生对文本的阅读能力大打折扣。学生在通过多媒体进行阅读的时候,往往不会投入深刻的情感,对文本的理解程度也不够深刻。文本阅读的缺失重重打击了语文阅读,也损害了学生的阅读能力。

(三)课外阅读与课内阅读相割裂

很多教师将阅读的重点放在了教室之中、课本之上,没有意识到课外阅读的重要性。即使有一部分教师会为学生布置课外阅读的任务,也对其不管不问、放任自流,使得自制力较差的学生将课外阅读任务抛之脑后。很少有教师将课外阅读与课内阅读结合起来,没有以课外阅读来拓展课内阅读的广度与深度,也没有以课内阅读来指导并激发学生的课外阅读兴趣,使得课外阅读与课内阅读毫无联系。

（四）将阅读与其他教学目标相割裂

很多教师认为,阅读就是阅读,与其他的语文子科目并无联系。然而,阅读需要借助字音、字形、字义等基础知识的储备,如果脱离基础知识,那么阅读教学是无法进行的。阅读与口语交际教学、写作教学也有着十分紧密的联系。学生在说话、答题中常见的条理不清、抓不住关键等问题,都能通过阅读来进行改善与解决。另外,将阅读与写作结合起来,可以综合提高学生的阅读能力与写作能力,以阅读来丰富写作素材,使其做到言之有物;以写作来促进阅读理解,帮助学生深刻感知文本内涵与作者情感。因此,语文教学的各个子教学目标应该是相互联系、互相促进的。

第二章　初中语文阅读文本的体裁分类

第一节 记叙文

一、记叙文概述

(一)记叙文的含义

记叙文也称叙述文,它是以记人、叙事、写景、状物为主,以人物的经历或事件的发展变化过程和结局为主要内容的一种文体形式。记叙文的范围很广,特点是具有个别性、可感性和完整性。学生要牢记记叙文的特点才能够准确地判断出文章的文体,厘清文章的思路。

(二)记叙文的表达方式

记叙文可以分为叙述、描写、议论、抒情和说明五种表达方式,以叙述和描写为主要表达方式;但为了把人物和事件表现得更加鲜明,让思想内容可以达到更深刻的效果,也会有议论和抒情的运用;而当作者想直截了当地发表自己的见解时,则多以议论为主。

记叙文中也会含有一定的议论部分,但是它并不像议论文那样,抛出论点,提出论据,以此来对论点进行推理、论证,而是针对记叙描写的内容发表言简意赅的评论。在记叙文中,记叙的线索会从始至终地贯穿在整篇文章之中。这种记叙和议论结合的形式是很灵活的,可以先叙后议,也可以先议后叙,还可以夹叙夹议。记叙的顺序也分为顺叙、插叙、倒叙三种顺序,议论在这里可以起到画龙点睛的效果。议论在记叙文中所要起到的作用,包括点明所叙事件的思想意义,阐述所叙事件包含的人生哲理,或者揭示事件结局的根本原因,等等。它可以使文章气势纵横,增强文章的感染力。

描写,即用生动形象的语言把人物或景物的状态具体地描绘出来,是一般记叙文和文学写作常用的表达方式。描写的作用是再现自然景色、事物情状,描绘人物的形貌及内心世界,使人物活动的环境具象化。描写按照不同的标准可以分为人物描写和环境描写、正面描写和侧面描写。

抒情是指表达情思,抒发情感。抒情是以形式化的话语组织象征性地表现个人内心情感的一类文学活动,它与叙事相对,具有主观性、个性化和诗意化等特征。抒情方式可分为借景抒情法、触景生情法、咏物寓情法、咏物言志法、直抒胸臆法、融情于事法和融情于理法等。作为一种特殊的文学反映方式,抒情主要反映社会生活的精神方面,并通过在意识中对现实的审美改造达到心灵的自由。抒情是个性与社会性的辩证统一,也是情感释放与情感构造、审美创造的辩证统一。简单来说,抒情可以分为直接抒情和间接抒情。

议论是一种主要的行文方式,它要求论点明确、论据充分、论证周密,亦为文学创作的一种表现手法,是对人或事物所发表的评论性意见或言论。议论分两大类,即立论和驳论。立论又称为证明式文章,驳论又称为反驳式文章。议论的特点是以理服人,用说理的办法,以概念、判断、推理等逻辑形式直接对客观事物进行分析、评论、证明。在日常生活中,人们经常用到议论说长道短,论是说非。在写作时,要运用议论宣扬观点、阐明理论、影响读者。议论在记叙文中往往起着升华主题或承上启下的作用。

(三)记叙文的要素

一般记叙文围绕六大要素:时间、地点、人物、原因、经过和结果。在阅读过程中找出这些要素是阅读的一个重要任务。如果学生在阅读记叙文时，可以准确找到这六个要素，就可以大致推断出整篇文章的脉络和主题。记叙文的写作常常伴随着作者思想情感的流露，表达一种观点或说明一个问题，因此，议论和抒情往往夹杂在其中。无论是顺叙还是倒叙，在引出话题讲完一件事情后，作者往往会表达个人感悟或提出建议等。所以，纯粹的记叙文并不多，记叙往往为论说或说明服务。

（四）记叙文的特点

记叙文的文章主题是作者写作的目的。有一部分文章的主题十分醒目，作者在题目或段落的开头点出主题，学生要懂得把握这类文章的题目和段落首句。这些都是文章的重点句，也就是点题的句子。还有的作者所写的主题没有明确在文章中表示出来，对于这类文章需要学生懂得分析文章的首末段，以此来分析文章的主题；也可以从材料中通过调动自己的所有语言知识来找到文章的主题，理解文章的中心思想。

记叙文的知识存在着自己的条理性，它的知识点是非常多的，如果把这些知识点进行归纳与总结，让它们具有系统性与条理性，对教师的教学是十分有利的，学生学起来也更加方便。

记叙文的线索贯穿于全文的主线，它是作者展开文章内容、情节安排和写作思路的重要手段。在文章中，人们经常看到的线索有人物线索、事件线索、时间线索、地点线索、物品线索、感情线索。教师要帮助学生树立线索意识，这样他们在阅读时就能够比较深入地把握文章的结构层次，内容变化及中心思想。

（五）记叙文的写作顺序

记叙的写作顺序方式有顺叙、插叙、倒叙、补叙、平叙。记叙文中常见的是前三种记叙方式。

　　顺叙也称作正叙,是叙事性文学作品常用的叙述方式。顺叙就是按照事件发生、发展的时间先后顺序来进行叙述的方法;先发生的先说,后发生的后说,很讲究"先来后到"的原则。用这种方法进行叙述的好处是事件由头到尾秩序井然,文气自然贯通,文章显得条理清楚。使用顺叙法,必须特别注意剪裁,做到详略得当、主次分明。

　　插叙是在叙述中心事件的过程中,为了帮助事件展开情节或刻画人物,暂时中断叙述的线索,插入一段与主要情节相关的回忆或故事的叙述方法。例如,在《同志的信任》中,作者为表现文章的中心——鲁迅是最可信的同志,先写鲁迅接到方志敏的密信、文稿及看信的经过,再插写方志敏被捕及狱中书写文稿、密信及托付鲁迅,然后再按事情发展的顺序写鲁迅如何珍藏密信、文稿和把它们转交给党中央的情况。

　　倒叙是根据表达的需要,把事件的结局或某个最重要、最突出的片段提到文章的前边,然后再从事件的开头按事情先后发展顺序进行叙述的方法,在电影及小说创作中常用。叙事学中,倒叙是一种逆时序,这种时序容易产生吸引人注意力的效果。

　　补叙,也叫作追叙,是行文中用两三句话或一小段话对前边说的人或事做一些简单的补充交代的叙述方法。

　　平叙就是平行叙述,即叙述同一时间内不同地点所发生的两件或两件以上的事。平叙有以下两种方式:一是"花开两朵,各表一枝",即先说一件事,再说另一件事,两边都交代清楚,故而又叫作分叙;二是时而说甲,时而说乙,按照情节发展的需要轮番叙述,使读者对甲和乙的命运都处于关心的状态中。使用平叙的方式,特别要注意交代事件起讫的时间,时间一乱,全局皆乱。平叙可以把头绪纷繁、错综复杂的事情写得眉目清楚、有条不紊。

(六)记叙文的表现手法

记叙文的表现手法有象征、对照、衬托、悬念、抑扬、过渡、照应等。

象征是用具体事物表现某些抽象意义。

对照,即把两种相差、相反、相关的事物,或同一事物相差、相反、相对的两个方面,放在一起加以比照,使之相辅相成,更鲜明地表现事物特征,对照也称作对比。

衬托是指为了突出主要事物,用类似的事物或反面的、有差别的事物当陪衬,这种“烘云托月”的修辞手法称为衬托。运用衬托的手法,能突出主体或渲染主体,使之形象鲜明,给人以深刻的感受。

悬念是指欣赏小说、电影、戏剧或其他文艺作品时的一种心理活动,即关切故事发展和人物命运的期待心理和紧张心情。悬念是小说、戏曲、影视等作品的一种表现技法,是吸引广大群众兴趣的重要艺术手段。

抑扬是指在同一表达过程中对特定的描述对象进行“揉直使曲、叠单使复”的褒贬或渲染,使所描述对象的某些方面前后形成反差,从而掀起波澜,具有强烈艺术效果的一种艺术手法。

过渡是指事物由一个阶段逐渐发展而转入另一个阶段。

照应可以分为时间照应、设问照应、前后照应、人物照应、心理照应、物件照应等。

这些表现手法都需要教师结合具体的文章来对其进行分析与讲解。

(七)记叙文的修辞手法

记叙文中的修辞手法包括比喻、拟人、排比、夸张等。教师除了要教给学生如何对修辞手法进行判断，还要让学生明白并体会到修辞手法所带来的巨大的作用。教师还应该鼓励学生在阅读中运用修辞手法进行仿写，并将其运用到记叙文的写作中。

二、初中记叙文阅读教学现状及原因

即使是教学经验十分丰富的教师，也经常感慨不知道如何教授记叙文；学生在面对记叙文的阅读学习任务时，也总是感到力不从心。那么，在素质教育的大背景下，学生应该如何探索记叙文的阅读方法呢？学生在阅读记叙文的过程中还存在哪些问题呢？

（一）初中语文记叙文阅读的教学现状

初中语文的记叙文是小学记叙文的拓展，按理说学生的记叙文功底应该是十分扎实的，实际上却并非如此。不管是在中考中，还是在普通的测验与学校组织的语文考试中，每当学生遇到记叙文的阅读任务时总会出现很多问题。很多学生反映，他们在面对记叙文的阅读任务时，总是不知如何开口、如何划分段落结构、如何总结段落大意与文章主旨等。而学生在长期的挫败中，渐渐开始丧失阅读兴趣，甚至把阅读记叙文当作"天敌"。那么，这就需要语文教师反思：为什么在教授记叙文的过程中花费了大量的时间与精力，却无法取得良好的成效？造成这样的原因是什么？只有找到记叙文阅读教学低效的原因，才能找到解决问题的办法。

（二）记叙文阅读教学低效的原因

造成记叙文阅读教学低效的原因十分多样，归结起来主要是由以下两个教育观念的思想误区所引起的。

1. 素质教育与应试能力的理解误区。

教师要想激活记叙文阅读课堂教学,就必须实现有效教学。那么,何为有效?简单来说,有效是指学生能够在测试中取得更好的成绩。于是,这就招来了很多师生的质疑:现在倡导的教育是素质教育,为什么还要追求考试成绩的不断提高?对于这个问题必须要承认,虽然我们不提倡将分数、考试看成是评价学生阅读能力的唯一标准,但是考试能够从某个层面上反映学生的阅读能力,检测他们的学习效果。因此,我们不能将应试作为一种教育目标,但是必须要培养与提高学生的应试能力,使他们在中考中取得优异的成绩,尤其是现在考试依然是最主要的选拔方式。因此,在考查学生的记叙文阅读能力的时候要使用测试、考试等方法,但是不可将其作为唯一的考查方式。

2. 授之以鱼不如授之以渔。

很多教师在讲授记叙文的阅读方式时,很少将知识点归纳在一起进行教学,所以无法形成一套专业的记叙文知识体系。这主要是因为这些教师存在这样的认知误区:他们认为语文学习最重要的是积累知识,阅读更依赖于学生的悟性与天赋,如果他们的悟性较低,那么不管教师怎么教,学生也学不会。虽然这种方法看似有着一定的道理,但是开发学生的智力与潜能,帮助他们掌握正确的阅读方法是教师义不容辞的责任。很多学生在学习记叙文的时候反映,他们很容易将一些知识点混淆在一起。例如,在上文所说的表现手法及修辞手法,常见的表现手法有象征、对照、衬托等,常见的修辞手法有比喻、拟人、排比等。很多学生在答题时,常常将表现手法当成是修辞手法,所以他们会失去分数。又如,记叙文中的记叙顺序有顺叙、倒叙、插叙等,但是学生常常说成是时间顺序、总—分—总结构顺序等。教师在讲解记叙文的各个要点时,也总是以教材为主要依据,要求学生背诵教材中的基础知识,然后再指导学生分析文本。虽然这种教学方法能够提高学生阅读记叙文的能力水平,但是很容易让学生失去阅读兴趣;对于曾经死记硬背过的文章,学生对其进行了巩固,对于教师完全没有讲授过的文章则显得十分茫然。造成这些问题的最主要原因就是教师将教学重点放在了传授知识上,没有让学生掌握阅读记叙文的科学方法。

三、记叙文阅读教学的策略

为了实现记叙文阅读的有效教学,教师必须结合各位优秀教师的教学理论与实践经验,考虑本班学生的认知特点,总结出一些行之有效的阅读教学策略。下面便是笔者自己的教学经验。

(一)知识实现系统教学

虽然记叙文的知识看似很杂、很乱,但是如果将其归纳起来,也能够使其具有条理性、系统性。这不仅能够减轻教师的教学负担,降低教学难度,还便于学生进行系统记忆与比较,也有利于学生清晰地学习记叙文的阅读方法。记忆知识点是语文教学的重要组成部分,将知识点进行分类、归纳、总结,是提高学生记叙文阅读能力的基础步骤;将知识系统化可以让学生自主进行,在提高他们阅读能力的同时,能够使他们对记叙文的知识要点进行深刻记忆。

1. 明确记叙文的文体。

学生需要将记叙文的定义、特点等进行归纳,明确记叙文是以记叙、描写为主,抒情、议论为辅的一种文体。学生只有牢固记忆这一特点,才能够准确判断文章的文体,也才能选择特定的阅读方法。

2. 明确记叙文的基本要素。

完整的记叙文包括时间、地点、任务及事件起因、经过、结果。在第一遍阅读时,学生就应该将这六个要素进行查找并勾画,从而从整体的角度来认识记叙文。

3. 明确记叙的顺序。

单纯地分辨记叙文是哪种顺序是远远不够的,学生还需要辨别不同的记叙顺序所发挥的作用是什么。例如,倒叙一般能够突出主题,表达作者的实际需要,将内容集中起来,实现鲜明对比,使叙述变得波澜起伏,从而使学生投入更多的情感。

4. 明确记叙文的写作线索。

一般情况下,线索贯穿于记叙文的始终,它是作者安排故事情节、展示写作思路等重要的方式。在阅读时,学生要树立线索意识,不断深刻理解文章内涵,把握文章结构变化、情节起伏等。

5. 明确记叙文的表达方法。

学生要了解具体的表达方法的含义、作用等。

学生要对记叙文的表现手法、修辞手法等进行总结与对比,彻底弄清这些记叙文的知识要素,对记叙文的相关知识形成系统的认识,从而使阅读方向更加明确化。

(二)在教学中融入记叙文的案例

我们常说,语文是基础科目,在学习语文的过程中,不仅需要文科思维,还需要理科思维的支持。因此,在记叙文的阅读教学中,教师可以借助理科的教学方法在课堂中融入例题进行讲解。在归纳与总结并记忆记叙文的各个知识点之后,学生是否能够灵活运用还是一个未知数,甚至在学生的实际运用中依然存在很多无法预见的问题。这就需要教师进行具有针对性的练习,以此来提高学生的阅读能力。将例题与讲解结合起来,就是指教师在讲授记叙文的知识要点及阅读记叙文的方式的时候,要加入一些具有代表性的、以记叙文为文体的文章,在阅读中设置一些问题,以便学生思考与阅读。例如,在《从百草园到三味书屋》中,作者是按照事情和观察的空间方位展开记叙的;在《背影》中,作者先阐明父亲对其的影响,再对事件进行记叙,这属于倒叙。在教学中融入例题,十分灵活多变,每个例题都是不同的文章,内容都是全新的,故它对于学生有着十分强大的吸引力。对各个例题进行对比分析,还能使学生加深对记叙文的知识要点的记忆,不仅能够起到复习与回顾的效果,还能开阔学生的视野,丰富他们的知识储备量。

(三)将记叙文的阅读与写作结合在一起

对于初中语文记叙文阅读教学现状来看,记叙文的阅读教学已经成为全体师生的"心病",它似乎是一个难以跨越的教学障碍。为了改变这个问题,教师可以将阅读与写作结合在一起进行教学,综合提高学生对记叙文的阅读能力、写作能力等。阅读是写作的基础,如果没有深厚的阅读能力和广阔的阅读范围,是无法写好记叙文的。在具体的记叙文教学中,阅读教学与写作教学并非是相互孤立的,二者有着密不可分的联系。因此,教师一定要将记叙文的阅读与写作结合在一起进行教学。

(四)分层教学,注重因材施教

初中记叙文阅读教学要想摆脱传统的"高投入、低效益"的教学弊端,就必须考虑学生阅读水平的差异,并以此为依据制订分层教学目标。教师可以根据课下交流、课上互动等方式来掌握学生的阅读情况,并据此设计不同的问题,使每个学生的记叙文阅读能力都能有所提高。例如,在记叙文《最后一课》的阅读教学中,教师可以设计几个层次不同的问题,如"《最后一课》中写了哪几件事?""你是否能够从文章中找到具有转折性的故事情节?""你能够根据自己的理解将课文进行划分吗?""请你分析课文中主要人物的思想品质以及作者所表达的感情是什么。"

其中,讨论是提高记叙文阅读教学效率的重要手段,学生在讨论的过程中能够在思想上进行碰撞,从而对阅读文本产生新的理解。因此,教师可以让不同层次的学生进行讨论,兼顾每个层次学生的实际需求,使学生相互借鉴,实现共同进步。

(五)在课上进行指导,帮助学生体会文本情感

记叙文的阅读教学重点应该放在提高学生的阅读能力、培养其情感意识上。在教学过程中,教师要注意指导学生在阅读中感受记叙文中的人物的真善美、假丑恶,使学生的心灵受到熏陶,提升他们的人格。因此,在指导学生阅读记叙文的时候,教师要选择一些人文内涵较为丰富的文本,使学生受到情感教育。

(六)强化练习,提高学生的阅读能力

教师在教学中一定要十分注重记叙文的阅读练习。教师需要创新阅读练习的形式、内容等,激发学生对记叙文阅读学习任务的学习热情。在设计练习题的时候,教师要注意拓宽知识范围,实现知识的迁移。同时,教师在布置阅读练习任务的时候,还应该注意练习题的数量,避免学生产生疲惫的感觉。练习的任务是为了让学生多阅读记叙文,并在此过程中巩固旧知识、学习新知识等。因此,记叙文的阅读练习题目要做到精。

下面是有关记叙文阅读教学的案例。

中考记叙文人物形象分析(课堂实录)

一、学习目标

1. 掌握中考记叙文阅读人物形象分析的方法。

2. 熟悉中考记叙文小说人物形象题答题模式。

二、教学重点、难点

如何理解、分析中考记叙文人物形象。

三、教学安排

1课时。

四、教学过程

(一)导入

师:中考现代文阅读中的记叙文阅读分值为14分,以河南省中考为例,请大家打开说明与检测,读第2段,了解河南省对记叙文阅读能力的考查(学生读书熟悉考点)。今天,我们主要进行记叙文人物形象分析。为什么选择这个专题呢?因为第一次模拟考试时咱们班这道题的平均分为2.06分,对于占4分题值的分数来说,得分率确实不高。(到了初三后期,试卷上每道题得分为多少、应该怎么做,每个人的心里都很清楚。所以,每个类型的题我都要告诉学生得分率是多少,失分的原因是什么。但这类题失分原因十分抽象,只能在做题中纠正。)

(二)一放一收

师:下面我们来看历届河南省中考人物形象分析题。

1. PPT 1:历年河南中考人物形象分析题。

2012年:文中那个中年妇女的形象耐人寻味,请结合全文探究她是个什么样的人。(4分)

2011年:文中的摇船人是一个什么样的形象? 请简要分析。(4分)

2009年:文中的司机是怎样一个人?请结合具体事例简要分析。(写出两个方面即可, 4分)

一模:文中除了姜老师,尚百秋的形象也很突出,请结合全文探究他是个什么样的人。(4分)

师:几乎每次考试都有人物形象分析题,它们分值都是多少?

生:分值4分。

师:所以希望通过今天的训练,大家都可以把这4分拿到。下面我们来看看这类题的题型。

2. PPT 2:常见题型。

(1)结合全文,简要分析文中××的形象,或××是一个怎样的人物?

(2)××有哪些优秀的品质? 或××具有哪些性格方面的特点?

师:遇到这类题的时候,大家会从哪些方面进行分析理解答题呢? 你的经验是什么? 请大家思考。

师:请大家搜索头脑中现有经验,想想你在遇到人物形象分析题目时是从哪些方面入手思考的。

生1:可以找和人物描写有关的地方,然后再找这个人的行为和语言,可以知道这个人性格。

师:从人物描写角度来分析。其他同学有没有要补充的?

生2:从文中叙述的故事来看他的性格。

师：是从故事情节角度来入手思考，看他是个什么样的人。对吧？

生3：可以从心理活动看人物性格。

师：由心理活动也可以看出人物是个怎样的人。好的，那下面看看老师的总结。

3. PPT 3：答题方法。

分析人物形象时要从原文中找依据。注意人物的外貌、语言、动作、心理、神态、环境描写以及文中对人物某些方面性格特征的评价等。另外，分析刻画人物时采用的对比、衬托、环境烘托、侧面描写等表现方法也可以挖掘出人物的性格特点。深入分析人物的性格特点。

师：强调一下，"原文中""人物描写""作者评价"都要注意，还有一些其他手法，如咱们提到的事件、情节，都可以用来分析人物性格特点。（经过平时的学习和两轮复习后，学生对每类题型都有自己的做题方法技巧，本环节设置也就是这个意思，让学生回顾自己做题时的思路技巧。但回答问题时没有照顾到学生全面思考，而采用"1+1+1"的形式，有拼凑答案之嫌。）

师：下面我们就来做个练习，看看大家对人物形象分析掌握得如何。说得好不如做得好，下面我们来做练习1。

练习1：

《桥在水上》2012年：文中那个中年妇女的形象耐人寻味，请结合全文探究她是个什么样的人。（4分）

（时间4分钟后。）

师：好，时间到，停下来。这篇文章我们以前看过，下面我们来交流一下。你的书上写的是什么，站起来就读什么。其他同学一边听一边根据自己的答案判断他可以得多少分。

生4:我写的是:"善良,教子有方,有同情心。"

师:其他同学听见了吧,他的答案可以得多少分?

生(合):1分;2分。

师:有些同学给1分,有些同学给2分,为什么呢?咱们来看原题目,他漏掉了什么?

生:结合全文。

师:那什么叫作结合全文呢? 就是要从原文中找到具体的事例或内容。

生5:通过她让自己的孩子照顾流浪汉和流浪汉玩耍,可以看出她是个教子有方的人;通过孩子拥抱流浪汉也不阻拦,可以看出她是个充满爱心的人。

师:好,咱们看她的答案。"通过她让自己的孩子照顾流浪汉和流浪汉玩耍,可以看出她是个教子有方的人。"教育方面的,这个理由成立吗?

生:合适。

师:好,再来看:"通过孩子拥抱流浪汉也不阻拦,可以看出她是个充满爱心的人。"这个理由合适吗?

(学生思考。)

师:抱一下就是有爱心的人吗? 好像有点儿牵强。那么,怎么才算是有爱心的人呢? 具有同情心或者善良是从文中哪里看出的呢?

(学生们争先恐后。)

师:对,文中写到中年妇女给男子送早餐、送钱、陪他玩耍,当孩子拥抱男子时不阻拦只是其中一个方面,大家写答案时要写全。下面我们看看解答,不必字句一致,但意思一定要类似,了解自己答案的失误。

师：好，下面我们来做练习2。

练习2：

《生命的礼物》麦克拉斯是一个什么样的人？请简要分析。（4分）

（时间4分钟后。）

师：这道题的答案非常多，让我们停下手中的笔来仔细倾听，并在倾听的过程中认真分辨这些答案完不完整，正不正确。

生6：行为果断，在手术前三个小时的时候决定救那个适合的病人。尽职尽责，在两个病人只能救一个的时候选择救最合适的病人，而不是救那个不合适的总统顾问。

生7：尊重生命，坚持原则，责任心强。在面对坎贝尔和弗尼斯同时需要心脏移植的时候，他选择了身体适合的坎贝尔，放弃了有权有势但身体状况不合乎手术要求的弗尼斯。

生8：尽职尽责，把宝贵的心脏给了坎贝尔，让宝贵的心脏在人体内最好地发挥作用。对病人一视同仁，不管病人身份的高低，都对他尽职尽责。

生9：对任何病人一视同仁，在只有一颗适合两个人要求的心脏的时候，麦克拉斯抛开病人身份的高低，将心脏移植给了体能更好的人。勇于承担责任，虽然他知道如果把心脏给坎贝尔会对他的工作或者其他方面产生影响，但是他依然这么做。

生10：不畏强权，没有受外界干扰，把心脏给了最合适的人。刚正不阿，具有崇高的职业道德。

师：为什么说他不畏强权呢？

生10：因为弗尼斯人认为自己是白宫重要的人，所以自己应该是获得心脏的那个人，但医生并没有这样选择，而是做出了一个医生应做的正确选择。

生11：他是一个舍己为人的人，放弃了美好的前途，选择做合格的医生。

（教师板书学生回答的个别关键词：行为果断，不畏强权，舍己为人。）

师：好，刚才我们分析了两个人物形象，一个是中年妇女，一个是麦克拉斯，这两个人物形象分析是一类的吗？

师：中年妇女的表现你是怎么知道的？

生（争先恐后）：通过孩子表现知道的。

师：这就是写人物时用到的侧面描写。与中年妇女相比，麦克拉斯就属于正面描写。那么，我们想要分析他的性格，就要从文中具体找出依据来，对不对？请看黑板上的这些词语。这些是大家找到的。那么，这些词语是否合适呢？

师：我们要看它背后是由什么原因来支撑的，也就是说，在正面描写人物的时候，咱们要注意到他最重要的性格特点。咱们来看看"行为果断"一词。为什么说他"行为果断"？合适吗？

（生摇头。）

师：好像也挺合适的，不给白宫里重要人的心脏，却给了花匠。

生（争先恐后）：老师，文中有"陷入沉思"，有"犹豫"。

师：是啊，行为果断地把心脏给了花匠，"行为果断"在这里是坚决地给了花匠，背后是什么支撑着他这样做呢？

生：崇高的医德。

师：下面我们看"不畏强权"。我们试想一下，有两人，一个是白宫要员，一个是普通花匠，假如那个人不是白宫要员而是一个普通人，医生会怎么选择？假如那个人是医生的亲人，他会怎么选择？

生：花匠坎贝尔。

师：那么是不是医生身上不畏强权的性格在起主要作用呢？为什么给花匠不给白宫要员？

生：他的身体条件不合适。

师：那么支撑医生不畏强权的是什么？是不是他身为医生这个身份，也就是医德在起作用啊？

生：是。

师：下面我们看"舍己为人"。什么叫舍己为人？舍弃自己，为了别人。他舍弃自己的前途为了病人的生命，好像也说得通。但文中说他舍弃自己的前途了吗？他这样做，也就是即使前途受影响也要这样做，这样做的目的是什么？还是医生的天职所在吧？

师：所以说，咱们在概括人物性格的时候，这三点细小的角度都不是他的性格特点，他主要的性格特点应该是具有高尚的医德。这些词语都是高尚医德所显示出的表象，包括大家刚才概括的"正直""对待病人一视同仁"其实都是医德的表现。那么，咱们在回答问题时候写："他是一个医生，具有对待病人一视同仁的特点，即便面对白宫要员也如此。"这道题也是可以得分的。

师：好，刚才我们做了两个训练，一个是正面描写人物，另一个是侧面描写人物。所以，我们在做正面描写人物题目时一定要抓住人物最主要的性格特征，在他主要的性格特征后再具体详细分析；而对于侧面描写人物的性格，我们要从对文中其他人物的影响这方面来看。

师：好，下面来看一下解答人物性格题目的技巧、解题思路和重点。

4. PPT 4:人物形象分析方法。

(1)借助故事情节分析人物形象。

(2)借助描写方法分析人物形象,如外貌描写表现人物身份、地位、经历、遭遇。人物的语言和动作是内心世界的反映和外露,细节描写可以细节之处见精神。

(3)借助作者倾向分析人物形象(注意作者对人物的介绍和评价)。

5. PPT 5:解题思路分四步走。

(1)总体把握文章人物形象特点,确定作者的感情倾向是褒还是贬,是颂扬还是讽刺。

(2)画出文章中关于这个人物言行的语句以及作者的议论或作者借文中其他人物对他的评价性语句。

(3)看用了什么手法,并在此基础上进行归类概括。

(4)选择恰当的词句表述出来。

说明:这个环节从理论到实践考查学生知识掌握情况。笔者是从两个方面选择这两个题目的:一个是侧面表现人物,另一个是正面描写人物。笔者立足于学生回答问题时过于拔高、不切合实际的情况进行了分析,发现效果还是可以的。当时有听课老师认为学生总结得不对,但不知道为什么,经老师讲解后就清楚了。这也算是这节课我最大的收获吧!

(三)二放二收

师:掌握基本技巧以后,我们再一起来做个练习,看看大家能否按照要求做题。《那些未曾感谢过的人》第4小题。

(时间4分钟后。)

师:好,大家停下来,我们看看文中贺琼这一人物是作者直接描写出来的吗?

生:不是。是侧面描写。

师:对,她属于侧面描写。那么,我们来看她做了一件什么事。

生:把老师给自己的字条给了梁夏。

师:那这件事对梁夏有怎样的影响?也就是有什么作用?事件的结果是什么呢?

生:使梁夏放下思想包袱,最终考上理想学校。

师:那么这样一个人物形象,我们在她身上发现了怎样的性格特点?

生:她是一个好人。

师:"一个好人",我们在概括时要用具体详细的词语进行表述。我们看,她在别人需要帮助的时候伸出了自己的手,她是一个什么样的人?

生:乐于助人的人。

师:一定要在具体事件中具体分析。然后我们看,她知道梁夏需要什么,做完事情后也没有把这件事告诉老师,这也是善解人意的表现吧!这两个角度无论从哪个方面来概括都是可以的。下面请大家概括出表现她性格特点的词语,并分辨下是否合适。

生(争先恐后):机灵,有大局意识,责任心强。

师:好,咱们来思考一下,作者想要表现贺琼是个机灵的人吗?什么叫"有大局意识"?她是这样的人吗?什么叫责任心强?刚才那个麦克拉斯是不是责任心强的人?认真完成自己的本职工作。那么安慰同学是不是她的本职工作呢?

师:所以,这三个词语都不合适。

师:因此,我们在做题的时候要注意到做题误区。下面是我们第一次模拟考试中大家做的一道题。

1. PPT 6。

选文:"巷子到头了,孩子扔下柴草,钻进旁边的厕所。没了柴草的遮挡,姜老师一下子认出来,这孩子是自己的学生尚百秋。她冲着厕所嚷:'百秋——尚百秋! 你出来,出来! '有动静。"

人物分析:尚百秋是个自尊心很强的孩子, 他不愿老师看到他卖柴草。姜老师以为柴草真的潮湿,进院就摊开晒,竟发现了两块石头。

师:有些同学只看到上半部分就开始概括,合适吗? 当然往后面看就知道不合适了。此时的躲避就不是自尊心强,而是做了错事怕被老师发现的表现了。

2. PPT 7。

选文:"于是我又想起,一年的年根在火车站上。车厢里人满为患,连走道上也人贴着人地站着。从车门根本挤不上去,有人就从车窗往里爬。我看见一个年轻人,半个身子已经爬进车窗,车里的熟人往里拉他,站台上工作人员往外拽他。双方都在使劲,这年轻人拼命地往车里挣扎。就在这时候,忽然站台上的人不拉了,反倒笑嘻嘻地把他推上去。我想,要是在平时,站台的工作人员绝不会把他推上去,但此时此刻为什么这样做? 为了帮他回家过年。"

站台上工作人员的形象:有同情心的人,帮助年轻人进入车厢回家过年。

师:这样总结文中工作人员的形象合适吗?

生:大体不差。

师:大体不差? 大体不差可就错了。咱们语文,有的时候是大体不差,有的时候需要的是准确的表述，最起码意思不能改变。什么叫作有同情心？面对弱者、病痛者、不幸者时的恻隐之心叫作同情心吧！文中帮助年轻人回家过年叫作同情心吗？他为什么帮助年轻人？他知道人们年底是要回家过年的,这叫作什么?

生:善解人意。

师:没错,这是善解人意。知道别人需要就伸出手这叫作善解人意。另外,咱们看文中这样表述:"车里的熟人往里拉他,站台上的工作人员往外拽他。"为什么往外拽他? 这是什么性格特征?

生:尽职尽责,负责任。

师:对,也可叫作恪尽职守。因此,我们在概括的时候不要想当然地概括,一定要用恰当的词语来表述。所以,我们在概括人物形象的时候,应注意:有一些误区是不能误进的。

3. PPT 8:人物形象分析误区。

(1)分析人物形象时,不从实际出发,过分拔高人物的思想品质。

(2)没有立足原文,属于无中生有,概括出原文中没有的东西。

(3)以偏概全,不能全面分析、评价人物。

师:请大家认真读、仔细想,看看自己做题中有哪些误区。

(本环节和前两个练习一样,依然在做训练中解决问题,就连最后的小结也是在练习的基础上得出的,如果当时让学生自己总结,教师再进行点拨,效果可能会更好。)

第二节　说明文

一、说明文概述

(一)说明文的定义

针对说明文这种文体的文章是否真实存在，学者们进行了不同的论述。董水龙指出："说明文的文体概念，混淆了实用类文体(说明书等)和科学作品的界限，不利于对学生进行文体辨认，从而对实用类文体和科学作品的阅读与写作教学产生不利影响。而且，由于把科学作品限定为说明文，即主要是在科普作品的范畴内，严重制约了学生真正的科学素养的提高，即培养学生通过学习科学言语，培养学生逻辑思维、辩证思维能力和科学论证的严密性的思维习惯。"

《全日制义务教育语文课程标准(实验稿)》也没有在阅读板块独列说明文，而是将其称为"科技作品"。阅读板块第9条写道："阅读科技作品，注意领会作品中所体现的科学精神和科学思想方法。"但是在写作板块的第5条，又提出："写简单的说明文，做到明白清楚。"[①]这里，我们不去思辨说明文是否存在，单就文章内容来看，我们暂且把客观介绍科学知识的文章视为说明文。

孔庆东指出："广义地看，只要是把事物、事理说明白的文章都是说明文。"但由于人文社会科学的问题大都有主观成分，所以社科题材的文章

---

① 中华人民共和国教育部. 全日制义务教育语文课程标准[M]. 北京:人民教育出版社,2001:3-4.

多视为议论文；而自然科学和技术的知识有相对的客观性，所以说明文多为科技类文章。由于说明文的内涵模糊，也有人用科学文本的概念取而代之。徐江指出："说明就是介绍。"说明文的作者是一位"二传手"，任务是普及科学知识。旧体系写作原理对说明的解释，没有抓住介绍知识这一本质，所以关于说明的说明，总是说不明白。

人们很少以"说明"来发表、公布自己的科研成果或对事物的思索，而是以"论"来阐明自己的科学见解。复杂的社会问题暂且不论，即便是自然科学研究成果的反映，人们撰写实验报告，这本来应具有强烈的说明性，因为它像是介绍实验的基本情况，不是靠逻辑推理，但实际上这是一种证明，是对相关科学研究结果的特殊形式的阐述证明。它的宗旨是让人们相信这有关科学研究的结论是正确的、科学的。所以，人们习惯上也把科学实验报告视为科学研究论文，而不视为说明文。例如，《关于××地区地方病成因调查报告》就是一种科学研究的成果，属于科学论文的范畴。撰写这种报告的写作行为就属于论说，因为这种报告是在论证那种地方病的成果的确凿性，是要让人们相信、认识。凡是作者的某种发现，都面临着证明，说明所传授的知识虽然也是科学的，但不是首次发表的，不是作者直接研究所得的，它不需要证实，而是已经被证实。这是"说明"在内容上的一个根本特征，也是介绍性、讲解性、解释性的根本。

这样就可以给"说明"下定义了：所谓"说明"，就是以简明、通俗的语言介绍非作者科学研究所得且已被确认了的或其他不需再确认的有关对象的形状、性质、特征、成因、关系、功用、价值等属性的写作行为。载有这些信息的文章就是说明文。

(二)说明文的分类

传统的语文教学理论把说明文分为平实性说明文和文艺性说明文,后者又称为科学小品。这种分类只是着眼于文本的语言特点,并未揭示说明文的内在差异。

余彤辉建议:"把科学文本分为纯科学文本、准科学文本和泛科学文本。"中学语文教材中的科学文本大都是后两类。例如,《说"屏"》应该归入社会科学类的泛科学文本。因为它不是在说明"屏"这种事物,而是在谈"屏"如何才能给人们带来美感。作者要向读者讲述的是他发现的一个关于屏风的美学观点。例如,《桥之美》可以作为美学随笔来阅读。

董水龙提出:"科技作品的文体大致有科学观察记录、科学实验报告、科技论文、科普作品和科技产品说明书(包括操作手册之类)。"所谓的事物性说明文就是科学记录或科学报告;所谓的事理性说明文就是论说文中一个种类或者说是广义上的科学论文。

我们可以把说明文视为科学文本,对其进行简单的分类,即原创性的科学论文和实验报告、科普作品、说明书三类。中学教材中的科学文本主要是科普作品,即不需要科学论证的、只是介绍事物特点和科学知识的文章。

说明文在日常生活中很常见,它是以说明为主要表达方式的一种文章体裁。它通过对实体事物科学的解说,对客观事物做出说明或对抽象事理的阐释,使人们对事物的形态、构造、性质、种类、特征、成因、关系、功用等解释清楚,还包括对一种理论、现象、实质、计划、意义、原因、发展过程等的说明。被说明的对象,有时候是山川江河、花草树木,有时候只是一种理念或技术,所以,说明对象并不拘泥于存在形式,不管是有形的还是无形的都可以成为说明文中的主体。说明文的大致框架是提出问题、分析问题、解决问题和得出结论。

说明文的句子多以描写、记叙、说明为主。在写作时可以开门见山直接讲出要说明的主题,也可以通过比喻或引用等方式引出主题,从而提出问题。由于说明文是通过揭示事物的概念来说明特征、本质及其规律性的,所以它的实用性很强,应用范围很广。

二、说明文阅读教学策略

(一)引导学生读懂说明的事物或事理

说明文教学,首先要让学生读懂说明的事物或事理。例如,在《大自然的语言》中,教师要让学生明白什么是"物候"以及物候与气候的关系;在《花儿为什么这样红》中,教师要让学生明白花儿形成各种颜色的原因。

有些教师认为,给学生讲清楚说明文的种类、说明的方法、说明的顺序、说明的语言就可以了,至于课文的内容,学生通过自读是可以理解的。在讲解说明文的过程中,如果教师过多地关注文本内容,就容易将语文课上成常识课、科学课,忽视了语文阅读教学的本原。对于任何文本来说,如果不能读懂它的内容,不能从内容中得到求知、愉情、启思的收获,那么探讨写作方法或表达技巧便没有必要进行。语文课不是常识课、科学课,但语文课的根本任务是训练学生通过语言文字读懂那些科学知识的能力。如果学生学完一篇说明文,对其中的科学知识仍是一知半解、稀里糊涂,就算知道了说明顺序、说明方法、语言特点,也不能提高他们的阅读水平,也就无法实现语文课堂的有效性。

(二)激发学生的阅读兴趣

说明文教学,要注意提高学生阅读科技文章的兴趣,间接培养科学精神。优秀的科普文章对激发学生的科学兴趣和科技爱好起着重要的作用。虽然从严格意义上来说,科学素养的训练需要靠理科来完成,但是学生通过在语文课上阅读科技文章,可以通过语言文字本身的逻辑性来感受作者思维的科学性,从而间接培养了学生的科学精神。《全日制义务教育语文课程标准(实验稿)》也体现了这种精神:"阅读科技作品,注意领会作品中所体现的科学精神和科学思想方法。"①

（三）体会说明文中的人文内涵

说明文教学可以让学生体会到自然与科技中的人文内涵。因为学生无法对书中所讲的所有事物进行实际的体会与观察,所以说明文在科学、自然与学生之间搭建了一个平台,让学生可以感受它们的人文内涵。教师通过指导学生进行关于科学知识或自然现象的事理说明文的阅读,可以帮助学生体会到自然和科技中的人文内涵。例如,学生在阅读建筑说明文时,如《故宫博物院》《北京城的中轴线》《苏州园林》,可以对建筑物的人文内涵进行理解,并且可以抓住建筑物中蕴含的人文内涵加以体悟。

第三节　议论文

一、议论文概述

议论文是对某个问题或某件事情进行分析、评论,以文字形式来阐明道理,指出谬误,表明自己的观点、立场、态度、看法和主张的一种文体。议

---

① 中华人民共和国教育部.全日制义务教育语文课程标准[M].北京:人民教育出版社,2001:3.

论文有三大要素,即论点、论据和论证。议论文中的论点通常在每段的第一句。对于论点,有的作者会简单、直接地提出来;有的会通过否定他人的观点来间接提出自己的观点。常见的议论文的结构有总—分结构、总—分—总结构、分—总结构等。每篇议论文中都会有一个中心论点,并伴有几个分论点。这几个分论点都是围绕中心论点提出的,是为了服务中心论点而存在的。分论点也要由作者提出的论据来诠释。与其他文体相比,议论文是比较简单的,只要找出论点,就抓住了文章的精髓,整篇文章是为了证明论点展开的。

议论文有以下两个常用的思维方式:一是演绎法;二是归纳法。演绎法是指作者在文章的开头简单明了地提出论点,然后根据论据对论点进行充分的论证,证明作者的观点是正确的或证明其他人的观点是错误的。归纳法是指作者分为几个方面进行分析,通过提出合理有力的论据加以论证,从而自然而然地得出结论,佐证作者的观点。这两种方法都要求作者可以全面客观、不被自己的情感色彩所影响,否则就没有说服力。

二、议论文阅读教学策略

学生在阅读时如果遇到议论文体裁的文章,要注意分辨文章的论点和结论,因为它们往往是与作者的观点和主题密切相关的。学生在分析议论文的结构时,要注意弄明白段落之间的联系与分段的大概意思,从而确定文章是哪种结构;同时要对文章中起着承上启下的过渡句、过渡段落和过渡词语进行关注。这都是论据对论点进行论证的重要线索,根据文章设置的问题大多是围绕着这些部分提出的。在文章中论证论点时,比较常见的论证方式有举例论证法、引用论证法、列数字论证法、比喻论证法、正反论证法、逻辑推理论证法等。

例如，《事物的正确答案不止一个》是初中议论文课文和中考阅读材料的典型样式，即所谓的"一般的议论文"，也可算作随笔。在教学上可以处理成样本，适合用作逻辑关系分析的训练材料。这篇课文的思想观点没有太大争议，下面是关于阅读教学问题设计的案例。

《事物的正确答案不止一个》阅读教学问题设计

1. 本文的中心论点是什么？

设问：本文的中心论点是"事物的正确答案不止一个""创造性思维的必备要素"，还是需要自己概括？你能否区分论题与论点吗？

2. "创造性思维的必备要素"可以归纳为哪几点？文章最后一段的总结顺序和前面的论述顺序是否一致？

分析：结尾段归纳了1—2—3—4点，但文章前面的论述顺序是2—3—1—4。本文段落较多，行文松散，体现了西方人的写作习惯，不像中国人的"规范议论文"那样分成清晰的几大段、几个部分。这正是训练学生提取和归纳信息的好材料。

3. 本文的辩证思维体现在哪里？

点拨：前提是学生得理解什么是辩证思维。

4. 你认为课后练习4与本文有关系吗？请猜测编者的意图，对该题的是非进行评价。

（提示：阅读一位学生写的人生感悟，选一个角度写下你对人生的观察与体会。）

第四节 文化散文

一、文化散文概述

（一）文化散文含义

文化散文是在 20 世纪八九十年代出现的。这类文体的风格较为节制，也有着深厚的人文情怀和终极追求。因此，文化散文又被称为"学者散文""散文创作上的'理性干预'"。文学散文是从文化的角度上来表现对象的，但是与传统的历史文化作品相比，它更能够表现出理性的凝重与诗意的激情，二者浑然天成。较为著名的文学散文有余秋雨的《文化苦旅》《文明的碎片》《千年一叹》，陈平原的《学者的人间情怀》，张中行的《负暄琐话》，韩晗的《大国小城》等。这些文章都充满着理性的思考，也蕴含着文化关怀。

佘树森在谈到文学散文时，说过这样一句话："人情种种，世俗百态，成为一些散文家观照的热点。由于这种观照常取文化视角，伴以历史文化反思，故又称为'文化散文'；由于这种观照多以非凡的机智，集中透视矛盾诸项，故行文常含幽默；还由于作者故作'超脱'与'旷达'，所以常有苦涩掩藏于闲适中。"①

---

① 佘树森，陈旭光．中国当代散文报告文学发展史［M］．北京：北京大学出版社，1996：258．

（二）文化散文类型

1. 历史事件类。

历史事件类文章包括历史事件、当时的历史意义、历史事件对后世的影响、现代人的评价、作者对历史事件的看法等。

2. 历史人物类。

历史人物类文章包括人物的经历、人物的成就、后世人的评价、作者的评价等。

3. 文化古迹类。

文化古迹类文章包括文化古迹、历史人物、历史背景、蕴含的精神寄托及作者的评价与看法等。

（三）文化散文的特点

与一般的散文相比，文化散文有以下几个方面的特征。

1. 取材上的文化视野。

一般的散文都是作者所描写的生活琐事，如周围的花草、作者个人的风花雪月。但是，文化散文的描写对象本身具有浓厚的文化意识及丰富的文化底蕴，还有一部分写作对象蕴含着民族魂。例如，余秋雨的《文化苦旅》，作者从自己的视角来观察这些事物中的文化现象，将自己的关注焦点放在这些文化内涵上。

2. 文章蕴含着丰富的文化意识。

文化散文需要从文化的角度来描写写作对象，表现的是作者的文化观点、文化态度和文化审美等。例如，柏杨的《丑陋的中国人》以及李敖的《传统下的独白》都表达了他们对社会现实问题的激愤之情，具有强烈的文化意识。

3. 对文化的解剖具有穿透力。

作者对文化的解剖的观点具有深度与厚度,有着较强的穿透力。文化散文立足于新的时代高度,作者用现代的眼光来重新审视历史人物、历史事件等,通过作者的思辨,能够得出新的文化内涵,从而得到新的启迪。例如,鲁迅的散文涉及现代文明社会、现代人生的文化要求等,反思并抨击了传统文化中的丑恶现象,从而表现出鲁迅对重振中华民族传统文化的期盼。

4. 行文具有文化韵味。

文化韵味不仅包括文化散文中的文化内涵与思想,还包括整个文体中对某个文化的发展的大起大落等进行描写,是一种具有文化批评价值的,将文化叙事、考古、评价融为一体的文体。例如,余秋雨的文化散文的行文特点除了比较诗情画意,还有着十分浓厚的文化味道,充满着作者的文化品位。这种文化能够唤起人们的文化意识、生命意识、民族意识、忧患意识等。

二、文化散文阅读教学策略

(一)朗读

文化散文是最需要在朗读上下功夫的。学生与文化散文创作者的生活环境、人生经历等都是不同的,学生只有在朗读中才能够真正走进文本,真正触摸鲜活的历史、文化,体会作者的激荡之情,品味文本的语言之美。在指导学生朗读文学散文时,教师可以采用多种朗读方式,如齐读、轮流读、男女朗读、分角色朗读,充分调动学生的朗读热情,使他们准确把握文本内涵。

（二）铺垫

文化散文往往有很多文化、历史背景知识,使得学生的阅读受到时空限制。在这种时候,教师可以根据具体的教学内容选择适合的文本,丰富学生的知识储备,为他们阅读文化散文做好充足的准备。这些课外辅助文本能够在不同程度上发挥促进作用,缩短学生与文本之间的距离,使他们更好地理解作者的文化态度、情感、意识等。

（三）聚焦

文化散文也是散文的一种,具有形散而神不散的特点。然而,如果教师想要将文本的方方面面都讲解透彻,显然是不现实的,也是浪费教学时间的低效行为。这就要求教师必须学会聚焦,即将教学重点放在某一个知识点上,让学生有目的、有重点,边读边想。

（四）还原

文化散文有着自己的行文特色,但是这些语言方式与学生的言语习惯存在差异,这也为学生阅读文化散文增加了障碍。因此,为了保留文化散文原本的意蕴,需要教师帮助学生还原语境,以学生能够理解的方式进行传授。

文化散文是一种特殊形式的散文,教师也可以利用散文的阅读教学策略展开文化散文的阅读教学活动。但是不管怎样,教师都必须考虑学生的认知特点,激发他们的阅读兴趣,使其自愿阅读文化散文。

以下是文化散文赏析案例。

草堂的情思

夏立君

穿过满是牛粪的陋巷，我来到你的小院。哲人般的窑洞，蹲在笔架山的腹部。"吱呀"一声门响后，是1 200年的寂静。岁月沉默着与院中的老枣树共守着当年的秘密。门后，有一只蟋蟀在悄吟……

空无一物的窑洞盛满了苍茫如水的时光，渡我，渡我到遥远的大唐，去追寻那凤凰的足迹。

辉煌的昨日，幽丽的往事，公孙大娘的舞姿和曹将军霸的丹青，都被装入诗的信封寄回后世。你，独自留在那漫漫孤旅。当李青莲的酒杯里酿造他狂草的诗与人生时，你正在帝国的阴影里跋涉，所以你永远也不会有谪仙甩一只靴子给高力士的潇洒。你是一棵贡植于孔子坟前的柏树，一笔一画，都写得那么认真，那么艰难。难民、伤兵、胡马、羌笛，坠在你的每一首诗上，压弯了凝重的枝丫。以至千年后，那些故作深沉的所谓的"诗人"加起来，也扛不起你树上的一枝重柯。

村边的道路上有深深的车辙，就是顺着这条自古以来无数读书人走过的路，你踌躇满志地走向长安，然而为时晚矣，长安已是一台大戏的尾声。虽然曲江水边丽人如云，五陵酒肆高朋满座，但"冠盖满京华，斯人独憔悴"。那匹瘦驴驮着你的理想和抱负，在大雁塔下踟蹰徘徊，碰到的都是紧闭的门户，无论是寄食富门还是卖药市上，都早将一个书生的自尊戳得鲜血淋漓。为何，为何你不像你诗中遨游万里的白鸥，鼓翅离去？长安，究竟是什么系住了你的心，使人魂牵梦绕，永难释怀？在生命的最后回归之时，你无限眷恋地回过头，仍是"愁看直北是长安"。多柳的长安啊，宫墙何其高！而我们，中国的文人一代又一代，都将自己的一生，在这墙外打了个死结。"长安"，在他们就是国家社稷，就是山河家园，就是神圣的图腾。这是一个永远的梦！屈大夫做过，诸葛亮做过，你的好友李白做过，虽然只是梦，却火一样映红了你们的人生。

夏天的雨，你的诗句乘云而来，骤然间雨点般纷落，淋湿了我无边的思念。

"杜陵有布衣，老大意转拙"，第一次通读这两句，我的热泪便止不住与"里巷"共流。好迁的诗人啊，你如何这样执迷不悟！一介布衣，衣食无着，你却"穷年忧黎元""老妻衣百结""幼子饿已卒"，你却"默思失业徒，因念远戍卒"。茅屋为秋风所破，你想的是广厦万间，大庇天下寒士。自己身陷敌城，悲的却是"四万义军同日死"。一个又一个子夜，你在如豆的青灯下披衣而坐，咀嚼着时代的苦难，任那种叫作"愁"的植物，在心中疯狂生长，瘦削的肩头，便有推不掉的重量。"纨绔不饿死，儒冠多误身"，三十五岁的你就如此透彻，为什么就是迷途不返呢？

笔架山已寂寞千载，你之后，谁又能有如椽大笔搁置其上呢？然而又是什么使你文而不贵，运交华盖以致连饭都不足呢？既然"文章憎命达"，何不去掉劳什子文章？可你又怎么能！在你，"文章千古事"，它是你的灵魂、你的生命，是你与缪斯终生的契约。从"朱门"到"路边"，这中间千山万水，你跨过了，便从"诗人"走向"诗圣"。

然而，我们对于夫子的热情和追求总过于"诗"，于是你仍处陋巷，但一切都会死去，只有你的"诗"活着，并将永远活下去。

第五节　应用文

一、应用文概述

应用文,又称为实用文,是人们在生活、学习、工作中为处理实际事物而写的,有着实用性的特点并形成惯用格式的文章,是完成具体工作或办事的一种工具。应用文的范围很广,有报告、广告、宣传单、指南、便条、日记等。

(一)应用文的特点

1. 实用性强。

应用文是用来处理实际事物而进行的写作,基本特点就是"用",具有很强的实用性。

2. 真实性强。

应用文是因事而写,对写作对象的真实性要求很高。

3. 针对性强。

应用文是作者为了完成某个工作或者事情的工具,对写作对象有很明显的指向性,针对不同的领域、目的,可以选用不同的文章类型。

4. 时效性强。

应用文讲究及时性。应用文的定义决定了它在传递信息、解决实际问题方面有很好的效果,所以必须注意时间、效率,讲究时效性。一般来说,应用文往往需要在特定的时间内处理特定的问题,尽快地传递相关信息,因此,时效性很强。不及时发文、拖拖拉拉或时过境迁再放马后炮,会使信息失效,从而失去其实用价值。

(二)应用文的分类标准

应用文按照不同的分类标准有以下几种分类。

1. 写作目的。

按照写作目的分类可以分为文学写作和应用写作。文学写作主要用于抒发作者主观情感,反映社会现实,是为了让人们欣赏而进行的艺术创作,如诗歌、小说、戏剧、散文。应用文写作是为了公务和个人事务而写的,用于解决实际问题。人们通常把应用型文章的写作称为应用写作。

2. 写作用途。

按照写作用途分类可以分为指导性应用文、报告性应用文和计划性应用文。指导性应用文指具有指导作用的应用文,一般用于上级对下级的行文,如命令(令)、决定、决议、指示、批示、批复。报告性应用文指具有报告作用的应用文,一般用于下级对上级的行文,如请示、工作报告、情况报告、答复报告、简报、总结。计划性应用文指具有各种计划性质作用的应用文,常用于对某件事或某项工程等开始前的预计,如计划、规划、设想、意见、安排。

3. 写作性质。

按照写作性质分类可以分为一般性应用文和公务应用文。一般性应用文是指法定公文以外的应用文。一般应用文又可以分为简单应用文和复杂应用文两大类。简单应用文是指结构简单、内容单一的应用文,如条据(请假条、收条、领条、欠条)、请帖、启事、证明、电报、便函。复杂应用文指篇幅较长,结构较繁、内容较多的应用文,如总结、条例、合同、提纲、读书笔记、会议纪要。公务文书又称为公文,是指国家法定的行政公务文书。国务院 2000 年发布了《国家机关公文处理办法》,把公文分成 13 种,即命令(令)、通告、批复、指示、决定、请示、意见、函、会议纪要等。

二、应用文阅读教学策略

约翰·奈斯比特在《大趋势——改变我们生活的十个新方向》一书中指出:"在这个文字密集的社会里,我们比以往任何时候都更需要具备最基本的读写技巧。"①这里所说的读写技巧,首先就是足以应付日常工作和生活所需的写作能力,也就是应用写作能力。而要想提高学生的应用文写作能力,就必须提高他们的阅读能力。

(一)课前为学生布置阅读任务

应用文是一种格式较为规范的文体,结构也比较稳定。所以,很多教师在组织阅读应用文的教学活动时,过于习惯采用照本宣科的教学模式,使学生的阅读按照"概念、分类、特点、写作要求、例文分析"进行,每次的授课内容毫无新意可言,导致学生在听课的过程中昏昏欲睡。也有很多教师为了避免重复教学,会将不同应用文中的各个阅读要求进行陈列,然后让学生根据自己的知识结构进行自主学习。很多学生由于没有明确的阅读目标,所以没有明确的阅读方向。这就导致他们自主阅读活动的效率十分低下。因此,教师应该在每次授课之前,都为学生布置与教学有关的阅读任务,让学生通过网络、报纸、单位文书等进行收集与阅读,从而保证学生的阅读是有效的。只要长期坚持下来,学生便可养成良好的阅读习惯,

---

① (美)约翰·奈斯比特. 大趋势——改变我们生活的十个新方向[M]. 姚琮,译. 北京:中国社会科学出版社,1984:18.

从而不断地提升他们的应用文阅读水平。

(二)将课外阅读与课内阅读相结合

为了激发学生对应用文的阅读兴趣,检验他们的课前预习情况,教师可以在每次应用文阅读课开始之前都对学生的阅读情况进行检测。教师可以随机抽选几名学生,让他们展示自己的调查资料,其他同学要进行简要分析。如果条件允许,教师还可以让学生利用多媒体分享他们所收集的应用文,使所有的学生能够共同阅读,将学生的信息实现互通有无,促进学生交流自己的读后感,从而加强师生、生生之间的互动与交流。

(三)对学生的阅读情况进行训练与评价

阅读应用文的教学步骤为阅读—讲析—训练—总结,在学生完成了阅读之后,教师就应该根据学生的阅读成果进行讲析,并在此基础上进行训练和评价。教师要想提高学生阅读应用文的能力,就必须要对其展开阅读训练,使学生在训练中了解自己的阅读问题,发现自己的闪光点,从而使其对应用文产生更加浓厚的阅读兴趣,也让学生的阅读学习方向更加清晰。在学生完成阅读应用文的训练任务之后,教师要对学生的学习过程进行评价,充分发挥评价的积极作用,使学生在阅读中享受乐趣。在评价学生的阅读情况时,教师应该采用多种评价方式,可以让生生展开自评、互评,也可以在师生之间进行双向评价等,教师也可以随机抽取几篇应用文,让学生对其进行分析,从而判断学生的阅读水平。

第三章　初中语文阅读教学方法的浅论

第一节　阅读教学方法的概述

我国基础教育语文课程改革的最重要的目标之一，就是要改变传统的、被动的学习方式，改变机械训练、死记硬背等阅读教学现状，主张让学生主动参与到语文阅读教学之中，鼓励学生主动探究、勤于动手动脑，以此来培养学生收集信息、处理信息的能力。《初中语文新课程标准》明确指出：“阅读是运用语言文字获取信息、认识世界、发展思维、获得审美体验的重要途径。”[①]因此，对阅读的教学方法进行研究与探讨具有十分重要的意义。教师要想深入研究阅读的教学方法可以从阅读方法、阅读教学方法两个方面进行讨论。

一、阅读方法

（一）朗读法

1. 朗读的含义。

朗读是将无声的书面语言变得有声，将无形的文字通过有声的语言表达出来的阅读活动。“朗”是指声音洪亮；“读”是指念书。朗读是阅读的基本功，也是提高学生阅读能力的第一步。《学记》[②]中提出：“今之教者，呻其占毕。”《史记》记载：“三百五篇孔子皆弦歌之，以求合韶武雅颂之音。”

[①]　中华人民共和国教育部. 初中语文新课程标准[M]. 北京:人民教育出版社,2001:9.

[②]　《学记》是中国古代一篇教育论文，是古代中国典章制度专著《礼记》(《小戴礼记》)中的一篇，是中国也是世界上最早的专门论述教育和教学问题的论著。

卢春红在《浅谈朗读的语言运动特殊性》中这样解释:"朗读是在视觉器官感知文字材料的基础上,由言语器官发出声来,再由听觉器官把信息传到大脑进而达到理解的阅读方法。"[①]朱自清也对朗读做出了专门的研究与分析,他于 1942 年发表了《论朗读》,于 1946 年发表了《朗读教学》《诵读教学与文学的"国语"》《论诵读》。这些都是关于语文教学要以朗读为出发点的著作。朱自清关于朗读的概念指出:"朗读人多称为朗诵,从前有'高声朗读'的成语,现在有'朗诵诗'的通名。但'诵'本是背诵文辞的意思,和'抽绎意蕴'的'读'不一样,虽然这两个词也可通用。高声朗诵正是背诵或准备背诵而言,倒是名副其实。白话诗文的朗诵,特别注重意蕴方面,而腔调也和背诵不同。这该称为朗读合适些。再从语文教学方面看,有默读,是和朗读相对的词;又有精读、泛读,都着眼在意义或意蕴。"

王尚文指出:"学生的语言能力究竟是怎么获得和提高的? 归纳起来不外两种见解:一是知识转化论;二是语感中心说。……在语感和语言的能力关系中,人的语言活动主要靠语感,人们使用语言受自然形成的语言的调控。"应该将语感与语文教学结合起来,促进语文教学的发展。朗读是培养语感最有效的途径,是主要的语感实践。朗读是阅读的一种形式,在朗读时,先要通过眼睛对文章进行浏览,捕捉文字信息。朗读可以注意到字音及整个句子,甚至是段落的正确的语音语调。朗读发出的声音会对大脑产生刺激,时间久了,学生就会形成一种条件反射,而这种条件反射就是俗称的"语感"。朗读直接影响着语感,朗读的越多,学生的语感就会越强烈。

在朗读时,学生要注意重音、停顿、速度,对文章的思想内容做到正确

---

① 卢春红.浅谈朗读的语言运动特殊性[J].考试周刊,2009(9):51-53.

把握,对不同的文体之间进行区分。在朗读时,学生的吐字一定要清楚,对字的发音也要做到标准。朗读旨在通过声音让学生领会到读物之精美,通过以声解义提高学生的阅读理解能力。学生在朗读的过程中,可以感受到文章中作者运用了哪些句法、哪些修辞手法,还会对作者描写的比较感人的情节有深刻的感受。

2. 朗读的优势与不足。

(1)朗读能够加深学生对文本的理解。

学生在朗读的过程中,能够通过声音这个桥梁,将文本的意义进行理解,使得文本中的人物、事件仿若发生在学生眼前,使学生感同身受。

(2)朗读水平会影响实际阅读效果。

朗读能力的发展水平对学生识记效果的好坏有着重要的影响,它是学生感知文本内容的最主要方式之一。朗读水平越高,识记水平越好。朗读对学生体会并记忆文章有很大的帮助,学生通过朗读可以体会到文章的主旨与中心思想。朗读是一种眼、脑和发音器官相互作用的实践活动。它是通过熟练阅读来进行记忆的,是运动记忆过程,运动记忆可以形成技能。

(3)朗读有助于提高学生的阅读能力。

任何一种语言都会有标准的语音语调,这种标准的语音语调可以用一定、特定的曲线来表示。就像我国有普通话,英国和美国都以英语为母语,但是在发音方面也有所区别。学生可以通过长期大量的阅读实践,来让自己普通话的发音和语调越来越趋向于这条代表标准语调的曲线。如此,可以帮助学生真正进行阅读。不管是在未来的交流中,还是在中考、高考的阅读理解中,甚至是选择题里关于字音的考试中,朗读都十分有意义。另外,学生通过朗读可以理解和欣赏文章。朗读是学生对阅读文章进行理解的一个有效的手段。朗读可以帮助学生加强对语言文字的感知,并且加强对文章情境甚至是作者的思想的感知。这些都可以帮助学生对文章进行深入的理解。

(4)朗读能帮助学生获得语感。

朗读能够帮助学生将书面语言过渡到口头语言,以此来培养学生形成正确的语感。朗读课文时,对汉字的字形,文本的句式,朗读的语调、语速、语境等进行训练,能够形成规范的语感,使学生的阅读能力得到大幅提高。

(5)朗读的不足之处。

朗读时,学生会把每个字的每个音节都发出来,在无形中增加了阅读时间,减慢了阅读速度,而且如果学生在阅读时无法集中注意力的话,就会产生假读现象。这时,情况就会变为,学生看起来是在大声朗读,貌似是在阅读学习,但实际上只是嘴里发出声音,心思早已飘到九霄云外去了。在朗读时,学生和教师往往会把注意力集中在汉字的发音上,会忽略对文章的理解。再者,如果学生在做阅读理解题目时形成了朗读的习惯,那么在考试中就会不适应。我们都知道,考试,尤其是中考这种全国性的大规模考试,是不允许发出声音的。

3. 语文课程标准对学生提出的朗读要求。

《初中语文新课程标准》阶段目标中提出:"学生应该学会运用多种阅读方法,要求学生可以用普通话正确、流利、有感情地朗读课文。"[①]此外,还设置了不同学习阶段的不同要求。

---

① 中华人民共和国教育部. 全日制义务教育语文课程标准[M]. 北京:人民教育出版社,2001:6.

在第一个学习阶段中,学生可以诵读儿歌、童谣和浅近的古诗展开想象,获得初步的情感体验,感受语言的优美。

在第二个学习阶段中,学生可以诵读优秀诗文,注意在诵读过程中体验情感、领悟内容。背诵优秀诗文 50 篇(段)。

在第三个学习阶段中,学生诵读优秀诗文,注意通过诗文的声调、节奏等体味作品的内容和情感。背诵优秀诗文 60 篇(段)。

在第四个学习阶段中,学生可以诵读古代诗词,有意识地在积累、感悟和运用中提高自己的欣赏品位和审美情趣。

(二)朗读的类型

从读物的角度来讲,不同文体的读物应该采用不同的朗读方法。黄仲苏把朗读分为四个类别:"一曰诵读。诵谓读之而有音节者,宜用于读散文,如四书、诸子、《左传》、四史以及专家文集中之议、论、说、辩、序、跋、传记、表奏、书札。二曰吟读。吟,呻也。宜用于读绝句、律诗、词曲以及其他短篇抒情韵文如诔、歌之类。三曰咏读。咏者,歌也,与吟通,亦作永。宜用于读长篇韵文,如骈赋、古体诗之类。四曰讲读。讲者,说也,谭也;说乃说话之说,谭则谓对话。宜用于读语体文。"[①]

从参与阅读的主体不同,阅读可以分为以下两大类:第一类,教师范读;第二类,学生朗读。学生朗读又可以分为个人朗读,即范读、领读和查读;集体朗读,即小组读、男女对读和齐读。

从活动方式且结合中学生独特的心理特点的角度分类,常见的朗读方式有自由读、男女赛读、分角色朗读等。在这里,比较经典的有两种朗读活动:小组接力赛读和逻辑引读。小组接力赛读可以在多个小组展开,并

---

① 中央教育科学研究所.朱自清论语文教育[M].郑州:河南教育出版社,1985:96.

且选用同一篇文章,让每个小组从第一位学生开始进行朗读,要求不可以出现任何错误,如不可以加字、丢字、不顿读、不结巴、发音不可以出错,如果出现错误的话,就要暂停阅读,并让下一个同学进行接力。逻辑引读是指教师可以按照文章的脉络进行引读。

1. 默读。

（1）默读或无声阅读。

默读,顾名思义就是人们在阅读时不发出声音的阅读,是在言语器官的发音被控制的情况下展开的阅读活动, 主要的依据是视觉器官对文字的感知及学生的思维活动。在阅读时,嘴唇不动,也不会动手指来指读,而是直接通过眼睛理解、识记读物内容,理解作者的中心思想。

默读在实际应用中是非常广泛的,比朗读的应用范围更广一些。人们在进行默读时,是通过眼睛与大脑对文字进行感知的,人的语音器官是受到抑制的,省去了人们对文章的发音过程,所以默读时人们的阅读速度明显比朗读时更快一些。在默读时,学生的注意力会高度集中于所读文章,阅读重点也放在了对阅读的理解上。因此,默读对学生理解阅读材料、体会作者的写作意图是十分有帮助的。许多人认为, 默读是朗读的终极目标,是阅读的基本方式。

默读要求学生对汉语有较高的掌握,能够对文章中的词汇、语句、段落, 甚至语篇进行一个综合分析, 以便准确理解这些文字信息的真正内容,并明白它们之间的内在联系。如果学生在阅读时的意识直接反映的是阅读材料的内容,而不是对文字的简单反映,就是学会了默读。默读技能的形成大致可以分为以下三个步骤:首先,低声阅读。学生在练习默读时可以在最开始的阶段放低自己的音量,小声阅读,将注意力慢慢放在对文章的理解上,而不是放在发音或文字上面,在练习时可以慢慢理解读物的内容。其次,无声阅读。学生在进行这个阶段的练习时,可以在阅读过程中伴随着十分低、近似于无的声音来阅读,尽量做到嘴唇保持不动。最后,完全进行默读,做到完全无声。在阅读时,也不要完全依赖心诵就可以对阅读进行理解并记忆。

(2)语文课程标准对默读的要求。

《全日制义务教育语文课程标准(实验稿)》在阶段目标中体现了对默读的延续性与层次性。在初中教育阶段所提出的要求:"养成默读的习惯,并且要具备一定的速度,对一般现代文的阅读,每分钟不得少于500个字。"①

2. 精读。

(1)精读的意义。

精读,只看字面意思就可以知道,这种阅读方式是对读物进行全面、仔细、反复、精确的阅读,强调边读边想,是初中语文阅读教学中最基本的阅读训练。这类阅读方式的重点是阅读质量,而不是文章的数量,阅读目标是阅读主体可以对文章达到深刻的理解。精读要求学生在阅读时可以逐字、逐句、逐段地阅读材料,并且对其进行深度分析,不仅要掌握文章的主要内容,还要对文章的细节内容进行理解与掌握,注意材料所反映出来的文化知识。学生可以通过深入、细致、反复的阅读,力求可以理解文章中的全部信息以及文章各个部分之间的内在联系,掌握作者的表达方式和表达技巧,分析这篇文章所具有的特点。精读可以帮助学生精确、细致地对文章中的语法、词汇和句型进行分析与掌握,

---

① 中华人民共和国教育部. 全日制义务教育语文课程标准[M]. 北京:人民教育出版社,2001:3.

是一个十分艰苦,需要长期坚持,要求学生可以不断理解、记忆、复习、吸收文章中所包含的信息的过程。

(2)精读的任务和目标。

精读的任务在于传授系统的基础语言知识,如字音、语法、词汇、篇章结构、语言功能意念;训练语言的基本技能,如听、说、读、写,培养学生运用语言进行日常社会交际的能力。

精读的重点在于对阅读主体的阅读技巧的培养上,希望学生可以理解文章的内容,增加自己的语言知识,提高自己的口语与写作能力。一般步骤是先略读,再查读,然后再达到积累语言知识的目的。

(3)精读对初中生的要求。

第一,学生要静下心,在阅读中投入全身心的精力。宋朝的陆九渊①曾经说过:"读书切戒在慌忙,涵泳工夫兴味长。"

第二,学生要反复阅读,以求有所得。在阅读课文的时候,学生要从整体到部分,再由部分到整体,从文本的内容、形式、结构等方方面面进行多次重复阅读并思考,争取做到透彻理解课文。

第三,教师可以让学生带着问题进行精读。问题能够帮助学生集中注意力,用问题来引导学生的精读可以让学生在阅读中有更加明确的方向。学生在阅读课文的时候,一般可以从三个内容设计问题:"课文写了什么?""是怎么写的?""为什么要这样写?"如果学生能够弄清楚"是什么""为什么""怎么做",那么他们算是落实了精读。

---

① 陆九渊(1139 年 3 月 26 日~1193 年 1 月 18 日),字子静,抚州金溪(今江西省金溪县)人,南宋哲学家、官员,陆王心学的代表人物。因书斋名"存",世称"存斋先生"。又因讲学于象山书院,被称为"象山先生",学者常称其为"陆象山"。

3. 略读。

(1)略读的含义。

孟子曰:"尽信书,则不如无书。吾于武成,取二三策而已矣。仁人无敌于天下,以至仁伐至不仁,而何其血之流杵也。"所以说,文章中并不是所有的文字信息都值得我们去读、去学,与我们阅读目的不相关的文字完全可以被忽略。略读是帮助我们有选择性地阅读的重要技巧。

略读就是指有选择地进行阅读,以较快的速度对文本进行大致阅读,帮助我们识别阅读材料中包含中心思想的信息,以获得文章的大意,了解文章的中心思想。也有人将略读描述为"迅速掌握读物的主要内容而忽略其枝节的一种阅读方法"。还有人将其表述为"略读是从整体上对文章内容有概括的了解,其他的暂时不管。"略读只适合难度不大的阅读材料。

现在的初中语文教材可以将阅读方法基本分为精读、略读和选读这三类,学生需要进行略读的文章基本是单篇的段落或者是节选。需要注意的是,教师在训练学生的略读技巧时,可以选用统一的略读材料。叶圣陶说:"略读既须由教师指导,自宜如精读一样,全班学生用同一的教材。假如一班学生同时略读几种书籍,教师就不便在课内指导;指导了略读某种书籍的一部分学生,必须抛荒了略读别种书籍的另一部分学生,各部分轮流指导也可以,但是每周略读指导的时间至多也只能有两小时,各部分轮流下来,必致使每部分都非常简略。况且,同学间的共同讨论对阅读能力的增长是很有帮助的,也必须阅读同一书籍才便于共同讨论。"①叶圣陶认为略读的总要求是"略读整部名著(由教师指定数种),参用笔记,求得其大意;大半由学生自修,一部分在上课时讨论。"②叶圣陶指出:

① 叶圣陶. 略读指导举隅[M]. 北京:中华书局,2013:3.
② 同①。

"略读是可以作为学生的阅读能力存在的，这是养成阅读习惯的一个必要的过程。"①

（2）略读的类型。

第一种类型，预读型略读。这类略读主要是为了在阅读前大体了解材料的组织结构和内容进行的，在读任何材料之前基本都会用到。

第二种类型，略读阅读。这种略读就是在阅读材料不完整的情况下，获得材料内容结构方面的概要。这类略读可以帮助人们不重复阅读某段材料，获得文章大体内容。

第三种类型，回顾略读。这种略读就是略读已经读过的材料，回顾材料中的重要信息。这种略读是读者对已经读过的文章进行回顾时所采取的方法。回顾略读是为了帮助人们重新熟悉材料的基本内容和结构服务的。略读会错过很多信息，对文章的理解仅限于理解那些重要的，具有总括性的内容。

（3）语文课程标准对略读的要求。

《全日制义务教育语文课程标准（实验稿）》在第四个学段中要求："学生能够熟练地运用略读和浏览的方法，扩大阅读范围，扩展自己的视野。"②

（4）略读的主要步骤。

第一步，读题目。如果所选择的材料是一篇期刊文章的话，需要将作者姓名、期刊社、日期及出处都进行阅读了解。

第二步，读引言。如果阅读材料较长的话，只需要读文章的首段及每个段落的首句。这些部分的信息往往是对文章主要观点的描写。

第三步，读文章的正标题或副标题。把标题组合到一起就是文章的

---

① 叶圣陶. 略读指导举隅[M]. 北京：中华书局，2013：3.
② 中华人民共和国教育部. 全日制义务教育语文课程标准[M]. 北京：人民教育出版社，2001：3.

提纲。

第四步,注意图片、图表或表格。这些部分的作用是用来强调文章的观点、概念或变化趋势等。

第五步,读段落的首句。如果标题无法给予完整、全面的信息,或者所读的材料没有任何标题,那么就需要阅读每个段落的首句。

第六步,读文章中的总结部分或最后一段。

第七步,对于段落的其他部分,只需要大致浏览一下就可以通过了。

4.速读。

速读是在全世界范围内引起广泛关注的一种阅读方法,也是我国近年来的研究方向。快速阅读是人们从文字符号中迅速查找并获取有用信息的一种阅读学习方法。速读是时代发展的需要,也是提高语文学习效率的一个有效途径之一。

苏联阅读科学专家奥·库兹涅佐夫说:"快速阅读是从文字当中迅速吸取有用信息的一种方法。"我国学者王继坤指出:"速读是指利用视觉运用的规律,充分调动人们的智力潜能,通过一定方法的训练,能以较快的速度(达到人们一般阅读速度的三倍或三倍以上)进行阅读,并能从读物中吸取有用信息的一种全新的、科学的阅读方法,它不仅要求读得快,还要求记忆快,理解好。"速读是快速的阅读,一分钟能读数千字至数万字,是理解度高的阅读,是记得牢的阅读,是一个字都不遗漏的阅读,是可以经过短期学习而获得的能力。这些学者对速读的认识虽各不相同,但都体现了速读的基本特征:速度及有用。也就是说,速读除了要求学生在阅读时具备一定的速度,还要求学生可以迅速找到文章中有用的信息,二者缺一不可。张志公总结了速读的九字要领,即读得快、抓得准、记得牢。总体而言,快速阅读是人们从文字符号中迅速汲取有用信息的一种阅读学习方法。

因为人们每个阶段的智力发育、文化层次及阅读水平都是不一样的，所以对于不同阶段的人，速读的阅读速度的要求也不同。对于初中生来说，教师应该根据不同年级的学生所具有的特点提出合理的、个性化的要求。语文教师还要注意的一点是，除了对学生的阅读速度提出要求，还要对学生阅读的正确率提出要求，这就组成了阅读的效率。

第一，掌握速读的基本技能包括运用默读阅读方式，扩大视觉范围，减少回视，从顺次阅读发展为跳读。

第二，训练速读习惯。学生在阅读时要养成高度集中注意力的习惯，在阅读时有明确的目标，随时复习与自测等。

第三，训练速读方法。如提问法，在阅读之前拟出问题，速读后进行回答；纪要法，边读边记文章的重点信息；跳读法，学会迅速跳过已知或次要信息。

对于初中生来说，教师对他们的速读学习与指导可以分成三个阶段来进行，初中生速读水平的分层指导如表 3.1 所示。

表 3.1　初中生速读水平的分层指导

阶段	训练目标	训练内容
第一阶段	1. 克服不良习惯，明确速读价值，激发学习兴趣； 2. 进行初步的基本功训练； 3. 掌握程序阅读法的要领； 4. 阅读速度达到每分钟 300 字左右	1. 检查学生的不良阅读习惯； 2. 基本功训练：①控声训练；②整句训练；③加一原则； 3. 集中注意力训练； 4. 速读程序训练
	1. 扩大视野，达到一目一句、一目十行的目的； 2. 掌握浏览式和寻找式速读法； 3. 阅读速度达到每分钟 400 字	1. 基本功训练：①Z 形导引术；②节拍器； 2. 浏览式阅读方法的训练； 3. 搜寻式阅读方法的训练

续表

阶段	训练目标	训练内容
第二阶段	1. 扩大视野,达到一目多行的目的; 2. 学会速读一本书的方法; 3. 阅读速度达到每分钟 500 字左右	1. 基本功训练:S 形导引术; 2. 一本书的阅读速读训练; 3. 练习
第三阶段	1. 扩大阅读视野,向面式阅读过渡; 2. 掌握循章归旨速读法; 3. 阅读速度达到每分钟 600 字左右	1. 基本功训练:垂直方法; 2. 循章归旨训练; 3. 综合运用各种阅读技巧和速读方法

二、教学方法的定义

在教学理论和教学实践中,教学方法一直作为重点研究对象存在。对于教学方法的研究,存在着以下三种解释。

第一种解释认为,教学方法是对于实现教学内容、达到教学目的所采取的一切手段和途径。这是一种广义的解释,它把教学原则包括在教学方法之中。

第二种解释将教学方法与原则进行区分,认为教学原则是教学方法的指导思想,教学方法是在教学原则的指导下采取的具体活动措施。这个认识仍然把教学组织形式混淆在一起,把上课、辅导等称为教学方法。

第三种解释把教学方法与教学原则、教学组织形式进行完全区分,只把讲授、实验、练习、演示等称为教学方法。一般情况下,人们常说的教学方法是按照第三种解释进行理解的。

针对国内外关于教学理论的研究,学者们对教学方法定义的理解各有侧重,概括起来有以下五种说法。

第一,手段途径说。持手段途径说观点的学者指出:"教学方法是指为达到教学目的、实现教学内容,而运用教学手段进行的由教学原则指导的一整套方式组成的师生相互作用的活动。"

第二，教法、学法统一说。持教法、学法统一说观点的学者指出："教学方法是为完成教学任务而采用的方法，它包括教师教的方法和学生学的方法，是教师引导学生掌握知识技能、获得身心发展而共同活动的方法。"

第三，相互作用说。持相互作用说观点的学者指出："教学方法是在教学过程中，教师和学生为实现教学目标、完成教学任务而采取的教与学相互作用的活动方式的总称。"

第四，动作体系说。持动作体系说观点的学者指出："教学方法是教师组织学生进行活动的动作体系，包括内隐动作和外显动作。"

第五，操作策略说。持操作策略说观点的学者指出："教学方法是在教学过程，教师为达到教学目的指导学生学习，由一整套教学方式组成的操作策略。"

李定仁、徐继存在《教学论研究二十年》中指出："教学方法的定义都有其合理的一面，在一定的层面上或从某一侧面指出了教学方法的特性，但都过于笼统、含糊或失之偏颇，不能充分揭示教学方法的本质。"[1]虽然国内外的学者对于教学方法的定义不尽相同，但是依然存在着三点共识：一是教学方法必须为实现教学目的、完成教学任务服务。二是教学方法的本质体现为教师的教与学生的学，二者之间是密切相关、相互促进的关系。这是教学方法概念的核心内容。在现代教学论中，教学方法不再是教师向学生传授知识这个形式，而是师生之间共同学习的互动方法。三是教学方法是师生活动的方式、步骤、手段和技术。任何一种教学方法都必须表现出师生动作的外部特点以及这些动作的方式。这些是教学方法最一般的特征。

---

[1] 李定仁,徐继存.教学论研究二十年[M].北京:人民教育出版社,2001:202.

皇甫全针对教学方法的含义，对其进行了比较完善的描述："教学方法是指为了达到一定的教学目标，教师组织学生进行专门内容的学习活动所采用的方式、手段和程度的综合。它包括教师的教法、学生的学法、教与学的方法。教法是教师为完成教学任务所采用的方式、手段和程序；学法是学习者在一定的条件下获得知识、形成技能、发展能力和发展个性的过程中使用的方式；教与学的方法是指在教学过程中，教师为了完成教学任务所采用的工作方式和学生在教师指导下的学习方式的总和。"这段文字对教学方法与教学目的、教学内容的本质联系以及师生双方的相互关系进行了表述。

三、阅读教学方法的内容

初中语文阅读教学方法十分多样，根据不同的标准可以对其进行不同的分类。总体而言，在初中语文阅读教学中常见的教学方法有讲授法、问答法、讨论法、情境教学法等。这些方法是常用的阅读方法。

（一）讲授法

讲授法是一种比较传统，但是应用范围十分广泛的教学方法，是教师通过简明、生动的口头语言向学生系统地传授知识、发展学生智力的方法。讲授法能够描述情境、表述事实、解释概念等，任何教学方法都需要与这种教学方法结合教学。

1. 讲授法的分类。

具体来说，讲授法可以分为讲述法、讲解法和讲读法。

（1）讲述法。

讲述法是教师围绕教学目标，使用形象、生动的语言，讲授事件、人物活动等发生、发展的过程，帮助学生构建知识意义的一种教学方法。讲述法又可以分为叙述、描述和概述三种具体的方法。针对不同的教学内容，教师应该采用不同的讲述方法。

（2）讲解法。

讲解法是教师运用说明、分析、论证等方式对文本内容、文本结构等进行科学阐释的一种教学方法。讲解法要求教师在讲解时使用条理分明、逻辑性较强、通俗易懂的语言，进行具体、科学的阐述与说明。美国认知教育心理学家奥苏贝尔认为，讲解式的教学更加适合高年级的学生，它对于培养学生的近迁移能力有很大的帮助。讲解的具体方法主要有释义说明、实例论证、分析综合、比较对比等。

（3）讲读法。

讲读法是学生阅读教科书与教师的讲解相互进行的教学方法。讲读法的基本教学流程是读书—讲解—小结。讲读是阅读与讲解的有机结合，教学重点在于阅读，关键在于讲解。讲读法衍生出了很多相似的教学方法，如四字三段教学法、四段教学法。四字三段教学法的基本结构是由读教科书、议论、联系组成的。该教学方法的基本流程是阅读—讲义—联系。四段教学法的基本流程是阅读—小组讨论—全班讨论—教师讲解、评论、总结、布置作业。

与讲述法和讲解法相比，讲读法把更多的教学时间留给了学生，由教师的教转换为学生的学，这也体现出"教师的教在教学中起到主导作用，学生的学占据主体地位"的教学理念。与讲述法相比，在讲读法的教学中，课堂氛围更加和谐、民主，学生获得了更多锻炼学习能力与思维能力的机会。值得注意的是，教师在运用讲读法的时候，切忌用大部分的课堂时间来读书。这种做法相当于取消了语文阅读教学活动，比传统的"满堂灌"的教学模式所得到的教学效果更糟糕。

国外学者对于讲读法进行了深入的分析，提出教师在课堂上运用讲读法时要考虑以下问题："在课上的什么阶段运用阅读？是在教师讲解互动之后，学生的活动之后，还是应该在介绍课题的时候？""如果在课上大声阅读，那么应该由谁来读？""在学生阅读时，其他的学生应该做什么？""在阅读时，能否保障所有的学生都能够听到这位学生的阅读？""在课堂中，阅读所占的时间应该有多久？""教师与学生应该怎样运用阅读？是要促进进一步的解释、讨论和评论吗？""阅读的内容应该作为向学生提问的材料吗？""如果教师要求学生默读的话，应该为学生预留多长时间？""学生为什么要进行这样的阅读活动？""对读得快的学生应该有什么样的要求？""教师应该如何判断学生已经在阅读，并且已经理解所读的内容？"

2. 讲授法的利弊。

（1）优点。

讲授法的优点主要是教师能够同时向很多学生传授知识，特别是在所要传授的内容没有可供利用的书面材料的情况下，这个优点就会尤其突出。讲述法的优点表现在教师能够采用学生易懂的形式有效地概括学科的内容，并且可以用不同的词语陈述出相同的内容。讲述法可以帮助学生理解阅读文本。

第一，讲授法有利于大幅度提高课堂教学的效果和效率。讲授法具有以下两个特殊的优点：通俗化和直接性。教师的讲授能使深奥、抽象的课本知识变得形象具体、浅显通俗，从而排除学生对知识的神秘感和畏难情绪，使语文阅读真正成为可能的和轻松的事情。讲授法采取定论的形式（而不是问题的形式或其他形式）直接向学生传递知识，避免了认识过程中许多不必要的曲折和困难,这比学生自己去摸索知识少走了不少弯路。所以,讲授法在传授知识方面具有无法取代两大优点——简捷和高效。这也就是讲授法长盛不衰的根本原因。在现行的班级授课制里,采用讲授法能有效地保证让绝大部分学生在短时间内学到人类花费漫长时间积累起来的知识和技能。奥苏贝尔说得对:"学生获取大量整体的学科知识,主要是通过有意义接受学习、设计适当的教材和讲授教学实现的。"

第二,讲授法有利于帮助学生全面、深刻、准确地掌握教材,促进学生学科能力的全面发展。教材作为学生进行阅读的一个最主要蓝本,不仅汇集着系统的学科知识,还蕴藏着许多其他有价值的内容,如学科的思想观点、思维方法及情感因素。但是,教材的编写要受到书面形式等因素的限制,对学生来说,不仅知识本身不易被读懂,其所潜藏的内涵更是不易被发现。而教师闻道在先且术业有专攻,能够比较全面、准确地领会教材编写意图,吃透教材,挖掘教材的深邃内涵。所以,唯有借助教师系统地讲授和透辟分析,学生才得以比较深刻、准确地掌握教材,从而领会和掌握蕴含在文本中的思想观点、思维方法和情感因素。这样,学生的学科能力也就得到了全面的提高。

第三,讲授法有利于充分发挥教师自身的主导作用,使学生学到比教材中更多的知识。任何真正有效的讲授都必定融合了教师自身的学识、修养、情感,流露出教师内心的真、善、美。所以,讲授对教师来说,不仅是知识方法的输出,还是内心世界的展现,它潜移默化地影响、感染、熏陶着学生的心灵。

第四,讲授法是其他教学方法的基础。从教的角度来看,任何方法都离不开教师的讲,其他各种方法在运用时都必须与讲授相结合,只有这样,其他各种方法才能充分发挥其价值。所以,可以认为讲授是其他方法的工具,教师只有讲得好,其他各种方法的有效运用才有了前提。

(2)局限。

第一,讲授法容易使学生产生"假知",从而导致知识与能力的脱节。教师运用讲授法,把现成的知识教给学生,往往使人产生一种错觉,似乎学生只要认真听讲就可径直获得知识。然而实际上,学生对任何知识的真正掌握都是建立在新旧知识的有机结合和自己的独立思考上的。在讲授法中,教师把知识讲解得清清楚楚,学生以听讲代替思考,即使有自己的思维参与其中,也会被教师"架空"。因为学生的思考是与教师的讲同步进行的,这在一定程度上会使学生在独立思考的过程中必然要碰到和解决的疑问、障碍和困难隐蔽起来。结果学生听起来好像什么都明白,事后却说不清,一遇到新问题就会手足无措。这样不靠思维获得的知识,不仅掌握得不牢固,更谈不上举一反三加以迁移应用,从而无法促进其能力的发展。

第二,讲授法容易使学生产生依赖和期待心理,从而抑制了学生学习的独立性、主动性和创造性。讲授法起源于传统的教师中心论,即一切知识应由教师传授给学生。这种方法在运用过程中也容易使教师产生重教轻学的思想。教师往往只考虑自己怎么讲,怎样讲得全面、细致、深刻、透彻,似乎只有这样,学生才能掌握得越多、越好。长此以往,会使教师产生心理定式,觉得不讲就不放心,不讲学生就学不到东西。于是,"注入式""满堂灌"应运而生并愈演愈烈。而学生也不知不觉地形成了依赖心理,一切问题等待教师来讲解,特别是教师讲得越好,这种期待和依赖心理就越强烈。这种期待和依赖心理严重地削弱了学生学习的主动性、独立性和创造性。这是目前讲授法运用过程中存在的一种相当普遍的病症,也是一种危害性很大的病症。

第三,讲授面向全体学生,难以估计学生的个体差异,难以实现因材施教。学生的心理特征、认知水平、知识水平等存在很大的差异,教师在运用讲授法进行教学时,是面向全体学生的,难免会忽略个别学生接受知识的困难,并难以发现这种现象。

第四,教师讲授与学生活动之间的矛盾。教师在课堂上过多地讲授会占用大量的课堂时间,这会导致学生在课堂上的活动时间减少,从而影响对学生探究能力的培养。

现在,很多人指责讲授法可导致学生机械、被动地学习,是一种"填鸭式"的学习。这种指责是片面的,因为接受学习不一定是被动地学习。讲授法的很多局限性并不是这个方法自身存在的,而是很多教师使用不当造成的。

在初中语文阅读教学中,不应该使用讲授法的场合:教学的目标是培养学生能力的情况时,教学目标是要求学生参与时,或者是学生在学习比较复杂、抽象的材料时。所以,只要教师明确讲授法的使用范围,正确运用这种教学方法,就能发挥它对教学的功效。

在初中语文阅读教学中,有以下七种情况必须使用讲授法:一是导入新课、激发学生学习兴趣与阅读积极性时;二是介绍本次阅读的教学任务,并且明确阅读的目的与要求时;三是学生对课文的重点、难点、争议点等理解不清时;四是对阅读文本或者是作者及时代背景进行介绍时;五是提问中遭遇不能答、启而不发等情境时;六是在课中点拨、解惑、过渡、回答时;七是在复习与巩固文本知识时。只要有阅读教学,就一定离不开讲授法,教师一定要灵活运用,扬长避短。

(二)问答法

问答法也被称为谈话法、提问法,是一种以师生互动、生生互动为主要形式的教学方法。

问答法的优点是这种教学方法更加有利于调动学生的积极性,能够培养学生主动学习和积极思考的好习惯,同时能锻炼与提高学生的对话能力。再者,问答法还能够帮助教师及时获取信息,得到教学反馈,以便及时调整教学内容,从而改善语文阅读教学质量。但是,问答法也有不足之处,即不利于系统地传授阅读知识,实施起来也比较花费时间。

在运用问答法教学时,教师主要考虑的问题是如何设计好问题,问什么、怎么问,都需要教师的细心考虑与反复斟酌。首先,在提问时要明确提问的目的,提出的问题要具有思考价值,不能因为心血来潮进行提问,导致问题脱离教学实际。其次,问题的数量要适中,避免"满堂问"。再次,要把握提问的时机,包括发问与解决问题的时机。这是为了让问题与学生的思维实现同步。如果发问过早,会让学生跟不上教师的思路;如果过晚,则无法发挥问题的作用。解决问题也是一样的道理。最后,在提问的时候教师要选择合适的角度,并且注意问题的层次。提问有直接问、委婉问、单一问、重复问等多种形式。教师一定要设计好问题,使语文阅读环环相扣,促使学生对阅读文本形成个性化的解读。

(三)讨论法

讨论法是一种传统的教学方法,是指在教师引导、组织、参与的条件下,由两个或两个以上的学生组成小组,然后对某个问题进行分享与讨论。在这个小组活动中,学生之间可以就某个问题的解决方法进行相互批判,通过辩证与分析获取知识、形成认识,从而实现教学目标。讨论的目的主要包括以下四个方面的内容:其一,讨论法可以帮助参与讨论的学生对正在思考的论题形成更加具有批判性的理解;第二,讨论法可以提高学生的自我意识及自我批判的能力;其三,讨论法可以培养参与讨论的学生对不断出现的不同观点进行正确批判的能力;其四,讨论法可以帮助参与讨论的学生理解外界世界的变化。讨论是实现互帮互助、培养学生情感、发展人们技能的重要手段,教师只有满足这四个要求,才能够真正实现民主、和谐的语文阅读教学。

讨论法的形式十分多样。从组织形式来看,有同桌讨论、小组讨论、全班讨论等;从讨论内容来看,有质疑问难、释疑解难等。然而,在运用讨论法的时候,教师需要注意以下三个问题:第一,要做好充足的准备,选好论题,明确讨论的具体要求,并进行妥善安排。学生要提前做好查阅资料的准备,提前拟好发言提纲等。让学生进行充足的课前准备,主要是为了避免语文阅读课堂上出现冷场的局面。第二,教师要严密组织,鼓励学生踊跃发言,同时加强教师的宏观调控作用。教师不能让学生完全自由,成为语文阅读课堂中的旁观者,教师要融入学生当中,以参与者、引导者的身份参与。在讨论陷入僵局或者偏离讨论主题的时候,教师要进行适当的点拨与纠正。第三,教师要认真总结,从中吸取教训,得到提高。

(四)情境教学法

1. 概述。

情境教学法也被称作乐学法、陶冶法,是一种既古老又具有创新精神的教学方法。情境教学法是指教师在教学活动中,为了完成既定的学习目标,从教学实际出发,创设与教学内容有密切关系的情境或氛围,使学生能够迅速理解教学目的与教学内容。其实,情境教学法在我国发展已久,古有"孟母三迁""断机教子",国外的教育学家杜威、苏霍姆林斯基等也对情境教学法进行了相关研究。在阅读教学中引入情境教学法,对提高阅读教学效率有重要的意义。在初中语文教材中的大部分课文都具有一定的情境,每一篇优秀的文学作品都是在一定的情境中被创作出来的,是作者对自己实际生活的感悟的反映。

情境法的教学优点:教师能够根据教学内容创设教学情境,能够直接体现直观的教学原理,让学生在特定的情境之中感知、理解,并缩短认识时间,从而提高教学效率。情境教学法还能够调动学生的智力因素与非智力因素,是实现教书与育人有机统一的重要方式。除此之外,情境教学法还能够实现寓教于乐,将教学内容转化为具体的情境,满足学生的情感需要,使学生愿意参与语文阅读。教学情境法还能够根据现代教育的具体要求,让学生在教学情境之中受到知识、美育、德育等诸多教育,促进学生全面、健康的发展。但是,情境教学法依然存在着教学弱势,即它受到了教学用具、教学手段、课文内容、教师教学水平、学生适应能力等多种因素的制约。

2. 分类。

在语文阅读教学中运用情境教学法一般有以下几种形式。

(1)模拟情境。

模拟情境一般是通过图画、照片、音乐、文学语言、多媒体教具等多种教学手段再现具体的课文场景的。根据学生的认知特点,教师要让情境走向形象化、生动化,保证这个情境对学生有着足够的吸引力。

(2)选取情境。

阅读教学需要借助电教手段来配合阅读教学。例如,教师可以结合课文播放有关的 PPT、录像、电影等,使学生如临其境,从而完成阅读教学。

(3)创造情境。

如果没有教具可供利用,也不方便进行外出,那么可以想方设法借助教学语言来创造教学情境。教学语言是创设教学情境的重要媒体,随着学生年龄的增长与阅读能力的提高,单纯依靠直观的教学情境很容易让情境教学变得简单化、表面化,不利于提高学生的逻辑思维水平。因此,在使用教学语言的时候,教师应该尽可能地做到"善于激疑,巧于启发,深于传情,工于表达",用语言来唤起学生的想象能力,从而达到最佳的教学效果。

除此之外,阅读教学法还有其他很多有效的方法,如比较教学法、心得教学法。在具体的教学过程中,教师应该综合考虑这些教学方法的优点和缺点,综合运用各种教学方法,扬长避短,为初中语文阅读的高效教学提供强大的支持。

四、阅读教学方法的影响

教学方法是教学过程中师生双方为了实现教学目的并完成教学任务而采用的一整套相互作用的活动方式的总称。教学方法既包括教师教的方法,也包括学生学的方法。《童蒙须知》[①]提出:"事必有法,然后可成。师舍是则无以教,弟子舍是则无以学。"教学方法与语文阅读教学是一般与特殊的关系。教学方法对高效完成阅读任务是十分重要的。如果没有教学方法的支持,实现教学目的、完成教学任务便成为一句空话。另外,教师只有掌握了科学的阅读教学方法,才能够以最少的时间、精力、物资等来取得最佳的教学效果。

从某种程度上来说,教学方法制约着学生的思维方式,教师的教法制约着学生的学法,这对还未形成固定价值观的学生来说影响十分深远。那

---

① 《童蒙须知》(一作《训学斋规》)为南宋学者、理学家朱熹写的一篇启蒙读物,收录在《东听雨堂刊书·儒先训要十四种》中。《童蒙须知》分衣服冠履、言语不趋、洒扫涓洁、读书楔子、杂细事宜等目。

么,这就要求教师必须优化自身的阅读教学方法,提高学生的阅读水平。阅读教学方法的有效运用还直接影响着以下六个转变。

(一)转变教师在课堂中的角色

在传统的语文阅读教学课堂之上,教师是管理者、控制者、主导者,而新课程改革下的教师角色应该是引导者、组织者、促进者。教师成为学生在阅读路上的领路人,从讲台上下来,走入学生中,与学生共同体验阅读、成长的快乐。在现在的语文阅读教育中,教师已不是绝对权威的代表,这也促使教师必须树立终身学习的意识;教师必须要学会从学生的角度进行思考,师生之间的思维水平是平等的,教师要学会理解学生。

(二)转变教学策略

转变教学策略主要是教师的研究方向转变为能够适应学生学习方式的教学设计,构建符合学生特点的教学模式,为学生提供开阔的阅读平台,使学生在自主、合作、探究的教学模式下感到阅读的快乐。学生的阅读任务也由单纯的阅读、完成阅读习题转变为巩固与归纳所学知识,在阅读中产生疑问,学会解决问题的过程。

(三)转变教学方式

在新课程改革下的语文阅读教学方式,更加强调情境、民主、过程、引导、体验等。教师要注意对学生的综合能力进行训练,展开以学生为主体的语文阅读教学活动,从而营造出轻松、愉悦、积极、向上的教学氛围。要想实现这一点,教师就必须把阅读课堂还给学生,让学生自由地徜徉在书海之中。这是现代语文教师所追求的一个阅读教学境界。教师应该让学生以自己的方式来阅读并理解文本,可以是几个词语,也可以是一组动作,更可以是角色扮演展示等。这种教学设计能够拓宽学生的思维,使其真正实现自主阅读。

（四）转变阅读教学的呈现方式

在阅读教学中，教师要注意利用信息技术为学生提供更加快捷、高效、大容量的阅读途径，从而促进学生阅读方式的转变。基于信息技术的阅读教学也成为现在语文教师的重点探索客体，丰富了阅读课堂的内容与形式。

（五）促使教师更新教育观念

阅读教学方法还能够促使教师更新教育观念，学习现代教育理念与教学技术等，从而达到优化教师知识结构，提升他们的教学水平的目的，真正实现教学相长。

（六）开发学生的智力

传统的阅读教学方式是以"注入式"为主的，虽然这种"满堂灌"的阅读方法能够增加学生的知识储备，但是不利于开发学生的智力，还会让学生的思路受阻，使其缺乏思考与创新。现代阅读教育强调要用阅读来开发学生的智能，促进学生的全面发展。因此，现代的阅读教学方法十分重视引导学生积极探索新事物，提高他们发现问题、分析问题、解决问题的能力，综合培养他们的观察能力、分析能力、创新能力等。在初中语文阅读教学中，教师应该重视学生的独立思考性与阅读能动性，使学生在理解知识的同时能够掌握科学的阅读方法。

总而言之，阅读教学方法是联系师生关系的重要枢纽，是完成阅读教学任务的重要保证，是提高教学质量的重要动力，是影响学生身心健康并提高学生阅读能力的重要因素。因此，在实际的阅读教学中，教师要制订出一套科学的、行之有效的阅读计划，合理地选择阅读教学方法，保证整个阅读教学都处于健康、高效、快乐的状态中。

第二节 阅读教学方法的实施策略

初中生正处于青春期，他们接受新事物的能力很强，个性也十分突出。因此，在语文阅读教学中，教师是否能够充分激发出学生的阅读积极性，就依赖于他们所实施的教学方法是否有效。不管是何种语文阅读教学方法，在实施的过程中，教师都应该注意实施策略。

一、重视学生的自主性

在初中语文阅读教学中，很多教师往往在学生还没有完成阅读的时候便对文章的中心内容、作者的情感、文本的寓意等进行了介绍。这种教学方式会限制学生的思考，不利于发散学生的思维，使他们的阅读思路受到限制。学生的思维正处于高度活跃期，他们的精力也十分旺盛，对于很多事物都有着自己独到的见解。因此，教师要相信每一位学生，为他们留出充足的阅读时间，让学生成为阅读的主人。在教学中，教师要懂得适度淡化自己的教学行为，强调学生的自主阅读。在学生的阅读过程中，教师要为学生提供思考方向，帮助学生拓宽阅读思路，让学生将阅读与自己的实际生活与经验结合起来，加深他们对文本的感悟。现在的初中语文阅读教学并不提倡传统的"死读书，读死书"的方式，而是强调学生要从小树立终身阅读的意识，在书中获取知识、升华认知、陶冶情操等。

二、重视阅读思考

阅读是对文本进行语言重组与想象再造的过程，阅读理解的过程并非是简单的问答过程。因此，教师可以采用多种形式与学生进行交流，启发学生就某个问题提出自己的看法。只有重视阅读思考，学生才可能养成边读边思的习惯，他们也会在这个过程中不断激发认知冲突，从而在思维、情感的碰撞中激发出新的"火花"。另外，教师可以在阅读结束之后组织学生展开讨论，学生可以就自己所感受到的文本内涵与作者情感展开探讨，也可以交流自己的阅读感受。教师可以鼓励学生尝试对文本或者教师的言论表示异议，然后组织学生进行辩论，使学生学会思辨阅读，从而提高他们的阅读能力。

三、鼓励学生进行质疑

在初中语文阅读的教学活动中，教师会为学生提出很多问题，学生需要在问题的引导下进行思考，从而解决问题。但是，当学生的答案与教师提前设定好的问题答案不一致的时候，教师会直接告诉学生他们是错的，从而挫伤了学生的思考积极性，也阻碍了他们创新意识的培养。每个人都是独特的，对待问题都有着自己的看法。因此，教师应该启发学生解读文章的脉络，分析文章的主旨，理解作者的情感。但与此同时，教师应该鼓励学生敢于质疑，让学生在阅读中发现问题、提出问题，并在教师与其他同学的帮助下解决问题，这可以培养学生的思维独立，也能够使学生更加敢于回答。另外，在学生的回答与标准答案不一致的时候，教师也应该视情况给予学生一定的鼓励，让学生知道自己的思路与努力是被教师认可的。

　　以上三点是初中语文教师在阅读施教的过程中所要考虑的基本要素,任何教学方法都应该遵循这三点要素的要求。教师应不断探索新的教学方法,总结教学经验,为激活初中语文阅读课堂、提高学生的阅读水平、优化教学质量添砖加瓦。

第四章　初中语文阅读教学的课堂激活刍议

第一节　课堂阅读教学发展趋势的理论支点

自文字被创造、有了教育活动以来,古今中外的学者便对阅读教学进行了研究与分析。

一、我国阅读教学研究理论

早在古代时期我国便对阅读教学的研究形成了一定的系统，古代学者对阅读教学的论述也是十分精辟的。例如,孔子的学、思、行,宋朝朱熹的读书有疑理论,清朝姚鼐的阅读三阶段理论。本书旨在对现代学者对语文阅读教学的理论研究进行探讨。

我国现代的语文阅读研究，当数叶圣陶、朱自清等人的研究最为透彻,他们在《文心》《精读指导举隅》《略读指导举隅》等著作中提出了精辟的见解。然而,他们在谈到阅读的学习过程时达成了较为一致的见解:阅读一本书或者一篇文章的过程大致可以分为认读、理解、鉴赏、批评。

李国栋研究了(如文本主义、接受美学、建构主义、对话理论)近年来深刻影响语文教学的理论思潮,将阅读理论的发展划分为"阅读的三次革命"。第一次革命是接受主义取代了文本主义,第二次革命是对话理论对接受主义的改造,第三次革命是建构主义的兴起。接受主义认为,文本是作者、作品、读者、社会等因素共同形成的结果,其意义只能在对话中得以实现,意义的结论并不重要,重要的是对话的参与过程。而建构主义又前进了一大步,认为文本的价值只存在于阅读中,是在阅读中不断构建的,它并不明晰和确定。

郝毅、王忠对建构主义指导下的中学语文阅读教学进行了剖析。他们从建构主义理论的角度出发,认为知识并不是对现实的准确表征,它只是一种解释、一种假设,并不是问题的最终答案。学习不是知识由教师向学生的传递,而是学生构建自己知识的过程。他们要在主动改造和重组原有经验的基础上构建新信息的意义,这种构建不可能由他人来代替。因此,在建构主义指导下的中学语文阅读教学中,教师的角色从传统的、向学生传递知识的权威角色转变为学生学习的辅导者。

存少辉从"朱子读书法"中获得了现代中学语文阅读教学的借鉴。他从循序渐进的原则开始,在充分了解学生的实际水平与能力、学生阅读的最近发展区的基础上,合理地安排阅读训练,帮助学生扎扎实实地发展阅读能力;通过重视阅读教学的根本——读,结合读书法熟读精思的原则,体会古人"书读百遍,其义自见"的丰富内涵;借鉴朱子虚心涵泳的主张,在阅读中加强对话和交流,指向学生的个性阅读,让学生在阅读中反复咀嚼品味、领悟思考、虚心涵泳,最终达到体会中华文化的博大精深、提高道德修养的目标。

赵年秀以叶圣陶阅读课程理论为视点,以《全日制义务教育语文课程标准(实验稿)》为参照,认为新课程标准的编写是以文学经典为前提的。他学习民族文化、培育民族精神、培养解读和欣赏的能力,学习并运用阅读策略与方法加强阅读实践活动,继承并发展了叶圣陶的阅读课程理论;而在阅读课本选文标准、阅读课本选文种类、文言文阅读要求、情感态度培养方面,他对叶圣陶阅读课程思想进行了不合理的舍弃。

在分析了国内情况的同时，王爱娣谈到了美国学生在阅读教学中的一些情况，特别是对学生应掌握的阅读方法进行了分析。美国阅读教学强调教给学生必要的阅读技巧和策略，有助于学生更好地掌握阅读方法，学会阅读，提高阅读水平。从阅读习惯的养成、阅读过程的监控，到阅读理解和表达的方式等，教师需要做出细致具体的指导和要求。

张金保对语文阅读教学中的阅读规律做了研究。他认为在开展阅读教学的时候，一定要遵循先个体阅读后群体阅读、先整体感知后分析研读再整合评读、文体决定阅读形式的规律。

张磊磊对前见与中学语文阅读教学的影响进行了深入探索，认为教师应具备一种警醒意识，帮助学生不断修正、去除错误的前见，扩大、增加合法的前见。只有真前见才能使学生的个性化理解不带有严重的偏狭。还有许多教师对原理进行了研究分析，如亓成功对阅读教学的起点进行了思考，孙建平对有效阅读展开了分析。

许多专家、教师对个性化阅读的相关问题和策略展开了研究。陈艺苑、张贤英认为，在语文个性化阅读中要注重学生阅读的主体地位，重视学生的个性特点，可通过导读、问题、对话、合作学习等策略对教材进行颠覆与重建，改进教师教法，增加反思和历练教学，最终在阅读的过程中增强学生的个体化能力。

武永明认为，由于人们片面强调学生的个性化阅读、多元解读，语文阅读教学出现了一些隐忧和误区：对文本及其作者表现出极不尊重的态度，甚至表现出强烈的反叛意识和逆反心理；对一些文学经典的阅读指导，脱离了作者及作品创作的时代背景，只就文本本身进行了所谓的个性化解读，使这些文学经典的思想和艺术价值大打折扣；对文本的意义进行了漫无边际的任意衍生，导致阅读训练价值的失落；课堂上缺乏真正意义的对话，语文教师丧失了主导作用；无视不同性质的文本，一味强调个性化解读，导致个性化阅读在文本范畴上的泛化。

王传霖认为语文教学以阅读为本，在阅读过程中，要尊重阅读者的主体地位，激发强烈的自我需要意识，还学生以自我感悟的机会，重视学生探索、发现的过程。他把文本定位为一种辅助的工具，以此来激起学生的主体地位。屈伟忠、王兆平还补充了原文意识。他们认为在阅读教学中，文本是非常重要的基础。只有重视阅读教学的原文意识，才能使教师对文本进行全面、深入的钻研，从而在高于学生认识的前提下，对学生的学习有正确的指导；应重视节选作品的全文意识、突出删节文章的足本意识、增强翻译作品的多版本对照意识，引领学生亲近文本、了解文本、拓展文本，从近距离到零距离再到远距离，真正使用好文本。

有很多教师对主问题进行了研究。余映潮、陈晓文、任明新等人对怎样设立主问题提出了自己的见解。他们认为，主问题设计有利于简化头绪、突出重点，有利于单篇课文的整体阅读，有利于发挥学生的主体作用。因此，要从文章结构脉络、主题思想、语言特色、全文亮点、开拓学生思维等角度去思考，紧扣教学重点，为突破教学难点，依据学生的学情从课文的标题、关键词或关键句、事件的发展变化和人、事、理之间的关系等角度入手设计主问题。

李志清认为，应将课内阅读和课外阅读相结合，在课内阅读时结合导入时的学生活动设计，初步感知阶段的活动设计，品味重点、精彩语段的活动设计，总结巩固阶段的活动设计步骤，使学生阅读成为真正意义上的自主阅读。秦昌利、周永红则通过词语、问题、题目、活动、情感等线索，牵动全文,贯穿整个课堂活动的设计。韩克勤更是重视阅读教学中的互动,使课堂更加生动、活跃。

余贻贻、张正君认为,语言品位是一种必要的技能,是阅读教学的主题,必须遵循规律、立足文本、抓住原型操作,结合分析性、赏析性语言的特点论析,品味文本。周秀芳、廖贤枢、王永红等人则通过具体语言品味方法进行讲析,如朗读、比较、语境体悟、生活体验、空白填补,增加学生的阅读兴趣,培养学生的阅读习惯,最终达到阅读教学的最佳效果。

孔爱玲将国外读书会的形式引入大众的视野,让大家见到了一种非常有效的阅读教学模式;沈坚引导学生进行沉浸式课堂阅读,通过氛围营造增强阅读教学学习;汪卫兵讲述了文言文信息化阅读教学的优势;桂谦通过批注的方法引发阅读教学的新思考;高兴春从发散性思维的方法入手,潜心探索初中语文阅读教学的新思路。

除此之外,还有教师通过课堂分析获得感悟。例如,余映潮开辟的连载论述《谈阅读教学设计的诗意手法》,从"巧妙导入,自然得体",到"生动讲析,精美细腻",再到"适时打住,过渡小结",已经连载了 30 多篇。

这一系列灵活、有趣的研究,通过真实展现,丰富了人们对阅读教学的直观认识,并通过探讨发现问题、解决问题。

李英杰对阅读教学实效性不高的原因及对策进行了深入分析。他认为阅读教学的培养目标不清是重要原因之一。引发的问题包括过分关注内容的理解、忽视对作品形式的学习、对学生的阅读指导缺少年段特点、对阅读能力的培养不到位等。因此,应从全面关注学生的核心阅读能力,注意不同年龄段学生阅读理解能力发展的不同特点,了解学生实际,确定阅读教学目标,增强教学环节的目的性,发挥评价语在学生能力发展过程中的作用等方面改进。

苗歌、褚新中则对新课程改革背景下中学语文阅读教学的开展提出了反思。他们认为,目前阅读教学带有着强烈的功利主义情绪,习题出现烦琐、不严密的问题,而且在具体实践的过程中陷入了以下"怪圈":过分强调学生的自主,忽视教师的主导;注重探究活动的表面形式,忽视阅读教学的本质;盲目拓展,弱化了文本阅读;拔高人文性,忽视阅读认知的基础构建。

刘帅注意到了阅读"公式化"现象,他认为新课程改革以来,感悟早已成为语文教学的一个重要词语,有感触才会有所领悟,离开感,真正的悟也就无从谈起。但令人担忧的是,目前学生在阅读中,常常摒弃了最起码的感性体验,陷入了"比喻 = 形象""拟人 = 生动"的"公式"中。

何建英对阅读教学的教学模式到底是"读"还是"说"发表了自己的见解。他认为,"说"不应该是阅读课中的主导训练,而应重温张庆多年前提出的经纬论,即"以读书训练为经线,以字、词、句、篇、听、说、写等训练为纬线",牢固确立"读"在阅读课中的中心位置,明确"说"在阅读课中的地位和作用,使"说"为"读"服务,做到以"说"导"读",以"说"激"读",以"说"评"读",以"说"促"读",使阅读教学回归本真,发挥出综合、高效的育人效果。

二、现代语文教师的教学理论

(一)教育价值观

教育的根本价值是为了促进人的发展,完善学生的人格,阅读教学亦然。现代语文阅读教学观强调,要将为社会服务与提高全民素质二者结合起来,推动素质教育的发展。语文是初中教育阶段最重要的学科之一,其最重要的组成部分便是阅读。传播知识,教授学习方法,开发学生的智力,使学生受到良好的德育教育,提高他们的审美能力等,都是阅读教育的重要功能。因此,教师在展开阅读活动的时候,要注意全面提高学生的阅读素质。

(二)学生主体观

主体性素质的培养受到了现代教育学家的广泛关注。然而,因为我国受到应试教育的影响,所以教师在阅读教学中仅将学生当成是教育的客体,忽视了学生的主体性。而现代社会对人才的要求很高,学生必须有良好的品格及较强的适应能力才能够在未来进入社会之后立于不败之地。面对学生主体性的客观要求,《基础教育课程改革纲要(试行)》在"基础教育课程改革的具体目标"中明确指出:"改变课程实施过于强调接受学习死记硬背、机械训练的现状,倡导学生主动参与、乐于探究、勤于动手,培养学生收集和处理信息的能力,获取新知识的能力,分析和解决问题的能力以及交流与合作的能力。"由此可见,学生的主体地位在语文阅读教学中十分重要。在实际的阅读教学活动中,教师要确定学生在学习过程中的主体地位,增强学生的主体意识,并充分发挥学生的主体能力。教师也要充分尊重学生的独立人格,让学生自由发展,最大限度地调动学生的积极性。

(三)现代人才观

应试教育将学生的考试分数当成是评价的唯一标准,认为只有考上大学的学生才是真正的人才。这种人才观念带来了严重的负面影响,阻碍了阅读教育的健康发展。现代的人才观并不是以考试分数作为唯一选拔依据的,而是十分关注学生在求知中的主动性与创造性,培养学生独立思考的能力、分析问题的能力、处理信息的能力等。只要有社会责任感,认真努力,踏实肯干,就势必会成为社会真正所需的人才。因此,在阅读教学中,教师一定要注意充分发挥学生的特长,挖掘学生的潜能,使每个学生都能够明白"天生我材必有用"。

第二节　课堂阅读教学师生关系的重置定位

师生关系就是教师与学生的关系。随着新的阅读教学理念的发展,师生关系也发生了重大变化,教师成为教学的指导者,学生成为课堂的主人。那么,这就要求教师必须要重新定制师生关系。

一、转变阅读教学中教师的角色

在现代科技日新月异的今天,信息技术的发展,使得教师不再是知识的代言人,他们已经无法以绝对权威的身份来教授语文阅读知识,也不能满足学生终身的阅读需求。这就使得与知识传授相比,学习方法的获得变得更加重要。因此,教师在教学中,要摒弃传统的知识本位的教学,树立以学生发展为本的教育理念,成为学生学习道路上的指路明灯。教师在语文阅读课堂中扮演的角色是教会学生学习,帮助学生树立学习目标,指导学生学会反思,提高学生的学习能力与阅读水平,等等。教学的本质在于引导学生主动参与教学活动之中。

那么,教师如何才能够成为引导者呢?

(一)教师克服传统阅读教学的弊端

教师要懂得克服传统阅读教学中"三重三轻"的弊端。"三重"是指重知识、重结论、重认知；"三轻"是指轻能力、轻过程、轻情感意志。在阅读教学中，教师要为学生的主动参与创造有利条件，鼓励学生调动多方感官，使其主动参与探究知识的过程，由此培养他们分析问题、解决问题的能力，并在此过程中对学生进行情感熏陶。只要教师的教学得当，就可以让学生对课文内容产生深刻理解。

（二）教师留足时间

教师要为学生留出充足的思考时间。在一堂语文阅读课中，教师要为学生留出充足的活动时间，让学生能够自主参与质疑、提问、研究活动，认真思考文本信息；教师要给学生留出充足的独立人格的时间，让学生在班集体中有着独立的人格、独立的思维等。

（三）学生主动参与

但凡学生能够主动探究、主动参与的，教师都应该放手让学生做。这就要求做到八个"凡是"：凡是能让学生自己想的就让学生自己想；凡是能让学生自己看的就让学生自己看；凡是能让学生自己读的就让学生自己读；凡是能让学生自己听的就让学生自己听；凡是能让学生自己说的就让学生自己说；凡是能让学生自己写的就让学生自己写；凡是能让学生自己动手的就让学生自己动手；凡是能让学生自己总结归纳的就让学生自己去总结归纳。不管是学生启动思维之时，还是学生的思维产生断裂、模糊、散乱之时，教师都应该适时地进行点拨与指导。

二、建立平等的师生关系

在传统的语文阅读课堂之中，教师处于绝对的控制地位，具有"至高无上"的权力。新课程改革强调，教师是学生学习的合作者、引导者、参与者。这就要求教师要放下身份,建立平等的师生关系。师生关系是学生进行有效语文阅读的基础。美国心理学家马斯洛提出:"只有在真诚、理解的师生关系中,学生才敢于和勇于发表见解,自由想象和创造,从而热情地汲取知识、发展能力、形成人格。"只有和谐、平等的师生关系才能够真正促进阅读课堂的生动、活泼的发展。因此,教师应该与学生站在同一平台上主动探究语文知识,使师生在平等的学习氛围中激发认知冲突,从而产生平等的对话,使学生敢于并乐于表达。

这就要求教师要为学生创建一个心灵足够安全的教学空间,关爱每一位学生,使学生"亲其师,信其道"。为此,教师要做到五个"允许":允许学生持有不同的阅读答案和提出不同的看法;允许学生自主思考和主动提问;允许学生重新回答;允许学生对教师的教学提出意见并进行争辩与讨论;允许学生保留自己的意见。

三、展开多向对话

阅读课堂是师生共同组成的信息传递的双向互动,语文阅读教学过程并非是教师单一执行教学计划的过程,而是师生共同开发、参与的课程过程。《初中语文新课程标准》指出:"语文教育应在师生平等对话的进程中进行。"[1]这就说明,教师要充分重视同样作为对话人的学生的主体地位,意识到学生并非"知识的容器",他们是学习和发展的主体,从而摒弃传统的语文教学中教师"一语定乾坤"的做法。因此,教师应该在语文教学中创设民主、轻松的课堂氛围,保护学生的主体地位,充分调动学生的主体地位。

---

[1] 中华人民共和国教育部. 初中语文新课程标准[M]. 北京:人民教育出版社,2001:8.

对话是教育中最基本与最持久的训练，旨在让学生与教师之间的关系变成相互尊重、相互信任、相互平等。因此，教师要与学生平等相处，实现语文阅读教学的双向互动。首先，教师要实现民主教学，放松学生的心态。只有教师以平等的态度与学生进行交流，学生才有可能消除对教师的畏惧心理，也才有可能真正在语文阅读教学中实现双向互动。其次，教师要倾听学生的真实需要，走进学生的内心世界。教师只有真正理解学生，站在学生的角度换位思考，从学生的角度品味学生的喜怒哀乐，才能够为平等对话做好准备。在阅读中，一旦师生之间展开了平等的对话，教师就会真正成为受到学生爱戴的好教师。可以说，对话是一种以"以生为本"为抓手的教育。

四、教师要成为现代的教育家

苏霍姆林斯基说："如果你想让教师的劳动给教师带来乐趣，使天天上课不至于变成一种单调乏味的义务，那你就应当引导每一位教师走上从事研究这条幸福的道路上来。"传统的教师也被称为教书匠，这俨然已经不能够适应社会经济的发展与教育的需要。在现代的语文阅读教学中，教师应该不断学习，成为专家型、学者型的教师。也只有这样，教师才能够不断充实与提高自己，实现持续发展，学生也才能够接受真正与时代接轨的、科学的阅读教育。

在语文阅读教学中，教师是否能够通过阅读陶冶学生的情操、完善学生的人格，成为现代教育衡量教师一个的标准。这就要求教师将自己当成是学生成长道路上的朋友与长者，在学生需要帮助的时候给予更好的指导。因此，在新课程改革下的语文阅读教学中重新设定师生角色是十分必要的。

第三节　课堂阅读教学评价体系的构建思考

评价具有导向功能,所以很多人都将评价看成是"指挥棒"。实际上,如果教师能够使用科学的评价标准与评价方法,就可以取得优良的教学效果,这更有利于实现教学目的。那么,初中语文阅读教学应该如何构建科学、合理的评价体系呢?

一、阅读评价的基本理论

阅读评价是语文教学,尤其是阅读教学的重要组成部分,它能够对阅读的教学环节的各个信息提供反馈,从而帮助学生更好地阅读文本,由此提高教学效率。

(一)阅读评价的概念与意义

《现代汉语词典》(第7版)中对评价的定义是"评定价值的高低"①,也就是对客观事物的价值进行判断。高凌飚在《关于过程性评价的思考》中指出:"评价的本质是对事物和过程的价值或质量做出判断、决定或计算,它是一种对客体满足主体需要程度的判断。"②评价是需要根据一定的价值标准来进行的。因此,在展开评价之前,教师就必须选择一种或多种判断标准。阅读评价就是将评价运用于阅读教学活动之中,根据阅读教学的目标、过程、内容、方法以及阅读能力、态度、情感、价值观等,进行科学、合

---

① 中国社会科学院语言研究所词典编辑室. 现代汉语词典(第5版)[M]. 北京:商务印书馆,2005:1009.
② 高凌飚. 关于过程性评价的思考[J]. 宣武教育, 2005(1):45–46.

理的价值判断,它是检验阅读教学成果的重要手段。

在阅读教学中构建科学的评价体系,有着以下两方面十分重要的现实和长远意义。

1. 阅读评价能够为学生的发展指明方向。

从世界各国的课程改革发展趋势来看,评价的功能和评价的技术都发生了本质的变革。评价不单单是为了甄别与选拔学生,更重要的是为了促进学生的个性、潜能、创造的发展,使每个学生在学习中充满自信,并且具备可持续性的学习能力。阅读评价的目的并不是为了给学生的阅读学习结果进行评价,简单地给出一个分数或者是一个等级,而是为了帮助学生诊断他们在阅读过程中所出现的问题,从而使学生自觉调整自己的阅读行为,包括阅读进度、阅读方法等。学生也可以在评价中了解自己的阅读学习现状,明确学习方向,从而进行有效的阅读学习。

2. 阅读评价能够促进教师教学观念发生转变。

在《基础教育课程改革纲要(试行)》《初中语文新课程标准》等文件的指导下,对学生的阅读能力进行科学的评价形成了新的评价观念。这些观念影响着教师的教学行为,为学生的发展提供了更广阔的空间,促进了学生的阅读从课内走向课外,增加了学科之间的沟通与交流。不仅如此,这些新的评价观念还促进了知识与能力、过程与方法、情感态度与价值观三维目标的有效整合。在阅读教学过程中适当地利用评价,可以优化阅读教学质量。如果离开了阅读评价,教师就无法准确定位阅读的起点,也无法对阅读教学做出科学的安排,更无法对学生的学习效果做出客观的判断。

(二)阅读评价的特点

阅读评价是语文教育评价的重要组成部分,因此,它具有语文评价的一般特点。同时,阅读评价有着自身独特的特点。

1. 综合性。

《全日制义务教育语文课程标准(实验稿)》中明确指出:"阅读的评价要综合考查学生阅读过程中的感受、体验和理解,要关注其阅读兴趣与价值取向、阅读方法与习惯,也要关注其阅读面和阅读量以及选择阅读材料的能力。应重视对学生多角度、有创意的阅读评价。"[1]在过去的阅读教学中,教师习惯将结构严密的文本拆成碎片,或者是将阅读教学作为语文基础知识教学的载体,完全忘记了阅读教学的基本任务。因此,阅读评价教学的综合性包括以下两个层面的内容:第一,学生阅读过程中的感受、体验、理解和价值取向;第二,阅读的兴趣、方法与习惯以及阅读材料的选择和阅读量。尤其是第二层面的内容是全新的评价内容,需要教师对其进行新的发现和探索。

2. 灵活性。

学生的阅读兴趣、阅读方法、阅读习惯等都是动态的,具有鲜明的个性特点,但是价值取向不是单一的、线性的。大部分的学生经过长期的阅读之后都形成了独属于自己的阅读兴趣、方法、习惯,每个人都是不一样的,不能说哪个学生的更好,也不能说哪个学生的不好。学生在阅读过程中所表现出来的学习态度、情感、价值观也不能用统一标准进行衡量。因此,阅读评价的标准比较模糊,也比较灵活。不管是什么样的评价方法,都需要通过学生阅读素质的高低来衡量,这也是最具有说服力的。因此,在评价学生的阅读兴趣、方法的时候,教师一定要结合每个学生的特点,切忌"一刀切"。

---

① 中华人民共和国教育部. 全日制义务教育语文课程标准[M]. 北京:人民教育出版社,2001:5.

3. 整体性。

阅读评价具有整体性,主要可以从以下三个方面进行解释。

第一,从内容上来看,阅读是一个整体。因此,评价阅读的内容应该包括朗读、默读、精读、略读等阅读方式的评价,也要包括对文学作品及古诗文阅读内容进行的评价等。

第二,从评价的领域上来看,阅读评价的范围并没有局限在阅读知识与能力之上,还包括阅读的过程与方法和情感态度与价值观。

第三,从单项内容上来看,即使是阅读评价中某个单项能力的评价也涉及很多方面。例如,阅读能力包括语言积累、文章理解、中心把握、阅读速度。

总之,阅读评价是一个十分复杂的系统,缺失任何一个方面,都不能算作一个完整的评价系统。

(三)阅读评价的原则

《现代汉语词典》(第 7 版)中指出:"原则是说话或形式所依据的法则或标准。"[1]一般来说,原则是人们观察、处理问题的准绳,是从客观事物的本质中衍生出来,供人们在实践中效法和遵循的规则。阅读评价的原则就是根据阅读教学的目标与教学活动提出的一些基本规则与要求,是教学实践经验的总结,也是人们对阅读教学内在规律的总结与认识。

阅读教学除了要遵循教育领域的评价准则,还要遵循阅读评价中的基本标准。

1. 坚持评价内容与领域的全息性。

全息性也就是全面性,是指教育评价要反映教育、教学活动的全部信

① 中国社会科学院语言研究所词典编辑室. 现代汉语词典(第 5 版)[M]. 北京:商务印书馆,2005:1611.

息,全面、全员、全程采集和利用与教育有关系的各种信息,强调的是评价的整体性与全面性。

(1)评价的内容要全面。

阅读教学的内容十分繁多,这也决定着阅读教学的评价亦十分广泛。《全日制义务教育语文课程标准(实验稿)》中明确指出:"要对朗读、默读进行评价,对精读进行评价,对略读、浏览进行评价,对文学作品阅读与古诗文阅读进行评价"[1],并且在不同的学段,学生的阅读目标与阅读内容也是不一样的,所以阅读评价一定要注意全面性。

(2)评价的领域要全面。

《全日制义务教育语文课程标准(实验稿)》中的课程目标,是从知识与能力、过程与方法及情感态度与价值观三个维度进行设计的。这三个维度相互渗透,对于提高学生的语文素养十分有益。在初中三年的阅读教育中,学生的阅读能力是螺旋上升的,最终全面达到课程目标的要求。所以,在阅读评价中,教师不应该只关注学生的阅读知识与阅读能力,而是要进行全面评价。也就是说,要想完成阅读教学的目标,不仅要评价学生的阅读学习结果,还要对产生这个结果的多个因素进行动态评价。巢宗祺指出:"阅读评价既要看到学生阅读知识的掌握和智力发展的一面,也要看到他们在动机、兴趣、情感、态度、意志、性格等非智力因素上发展的一面。"

2. 明确评价目的的可行性。

《全日制义务教育语文课程标准(实验稿)》中指出:"阅读的评价,要综合考查学生在阅读过程中的感受、体验和理解,要关注其阅读兴趣与价

① 中华人民共和国教育部. 全日制义务教育语文课程标准[M]. 北京:人民教育出版社,2001:5.

值取向、阅读方法与习惯,也要关注其阅读面和阅读量以及选择阅读材料的能力。重视对学生多角度、有创意阅读的评价。语文知识的学习重在运用,其概念不作为考试内容。"①由此可以看到,阅读评价的目的是为了更好地促进学生阅读素质与语文素养的提高,这才是阅读评价的目的与依据。

3. 坚持评价标准的层次化。

我们知道,学习的目标、内容都是学习评价的标准与载体,在不同的学习阶段都有着不同的学习目标与内容,那么阅读评价标准自然也要实现层次性。《全日制义务教育语文课程标准(实验稿)》中写道:"按照不同学段的课程目标,抓住关键,突出重点,采用合适方式,提高评价效率。"②阅读评价一定要根据不同学段的阅读学习目标划分为不同的等级,贯彻分阶段原则,促进学生更快、更好地完成各个学习子目标。

4. 坚持评价主体的多元化。

《全日制义务教育语文课程标准(实验稿)》中指出:"应注意将教师的评价、学生的自我评价及学生间的相互评价相结合。加强学生的自我评价和相互评价,促进学生主动学习,自我反思。""根据需要,可让学生家长、社区、专业人员等适当参与评价活动,争取社会对学生语言学习的更多关注和支持。"③主体多元化原则是针对传统的评价主体单一的弊端提出的。传统的教师阅读评价忽视了学生的学习主体地位,导致了语文阅读教学评价功能的缺失和根本目的的错位。现代的学习评价主张评价主体的多元化,学生与教师都应该是评价的主体,这可以使评价结果更加客观与全面,能够充分发挥评价的发展功能,真正促进学生的进步与发展。

---

① 中华人民共和国教育部.全日制义务教育语文课程标准[M].北京:人民教育出版社,2001:5.
② 同①。
③ 同①。

5. 坚持评价方式的过程化。

《初中语文新课程标准》中指出:"阅读是学生的个性化行为。教师在进行阅读教学时,应引导学生钻研文本,在主动积极的思维和情感活动中加深理解和体验,有所感悟和思考,受到情感熏陶,获得思想启迪,享受审美乐趣,要珍视学生独特的感受、体验和理解。"[1]长期以来,考试一直是阅读评价的最主要方式。在评价学生的阅读能力时,教师只关注考试分数的结果,从未考虑过程与方法,也谈不上对学生的情感态度与价值观进行评价。所以,教师必须要改变过于单一的评价方式,要根据阅读教学的评价内容与要求,采用多种评价方式,避免只看结果、不看过程的程序,准确评价学生在各个方面的发展。

6. 坚持评价效能的实用性。

《全日制义务教育语文课程标准(实验稿)》中指出:"能主动进行探究性学习,激发想象力和创造潜能,在实践中学习和运用语文""具有独立阅读的能力,学会运用多种阅读方法""能借助工具书阅读浅易文言文"。[2]由此可见,新课程标准十分注重语文学习的实用性,强调知行统一、学用结合。因此,在阅读评价中,我们要体现这一特点,讲究评价的效能。

学生在一定的阅读实践学习之后,便会具备基本的阅读知识、阅读能力等,进而将其应用在新一轮的阅读活动之中,从而不断检验与巩固自己的学习成果。所以,不管是课内阅读还是课外阅读都必须注重学用结合。这不仅仅是新课改的教学目标,也是阅读教学的初衷。从课本上学到的阅

---

① 中华人民共和国教育部. 初中语文新课程标准[M]. 北京:人民教育出版社,2001:9.

② 中华人民共和国教育部. 全日制义务教育语文课程标准[M]. 北京:人民教育出版社,2001:3.

读知识与技能,只有在学生的阅读实践活动中才能够得以巩固与提高。在阅读教学中,教师要注意激发学生的阅读兴趣,注重阅读技能与理解能力的有效运用。

二、阅读教学评价的内容

《初中语文新课程标准》中指出:"语文课程评价要体现语文课程目标的整体性和综合性,全面考查学生的语文素养。应注意识字与写字、阅读、写作、口语交际和综合性学习五个方面的有机联系,注意知识与能力、过程与方法、情感态度与价值观的交融、整合,避免只从知识、技能方面进行评价。"[①]那么,在阅读评价教学中,教师也要综合评价学生的阅读习惯、阅读态度、阅读思想情感与阅读能力等。

(一)评价学生的阅读习惯

习惯是指在一段很长的时间内逐渐养成的、一时不容易改变的行为、倾向。阅读习惯是学生在长期的阅读教学中所反映出来的比较稳定地完成自动化动作的心理倾向。阅读习惯是阅读学习品质的心理基础,包括课内与课外两个内容。课内阅读习惯主要包括课前运用多种方法进行预习的习惯,课堂边听边记笔记、边读边思考、质疑参与讨论、课后复习、总结、完成作业等习惯。课外阅读习惯主要包括学生是否热爱读书、是否会制订阅读计划、是否会选择阅读方法以及在阅读中是否会进行摘录与批注、是否会制作读书卡片,阅读内容是否广泛等。

(二)评价学生的阅读态度

良好的阅读态度是阅读的基本保障。好的阅读态度有助于提高阅读

---

① 中华人民共和国教育部. 初中语文新课程标准[M]. 北京:人民教育出版社,2001:12.

的自觉性,对于发展阅读能力、改善阅读品质、加深阅读理解、提高阅读速度等都有帮助。在评价学生的阅读态度时,教师可以从以下几个方面进行考虑:学生是否主动阅读;学生是否善于安排时间;学生是否做到惜时;学生是否有恒心。

1. 主动阅读。

主动阅读是指具有强烈的阅读动机,不靠外力因素就能够自觉产生的阅读行为,在阅读过程中学生能够充分发挥自己的主体意识,并且进行积极的阅读认识、理解、鉴赏等思维活动。

2. 惜时阅读。

惜时阅读就是要珍惜时间,合理、科学地安排阅读学习时间。在阅读中珍惜时间,是实现高效阅读的保证,也是阅读评价的主要内容。惜时阅读不仅能够给学生节省时间,还能够提高学生的阅读效率。在评价时,教师可以从以下两个方面进行考虑:第一,学生是否树立了科学的惜时观念;第二,学生是否讲究有效的惜时方法。

3. 长期阅读。

长期阅读是指阅读的恒心,也就是坚持。阅读是长期而艰巨的任务,学生要想真正地提高阅读素养,就必须要有求学的恒心。如果缺乏恒心,便不可能取得优质的阅读效果。

4. 养成阅读。

学生的各个学习素质及学习技能都是一种习惯,这是通过反复实践形成的。同样,学生的阅读素质与技能也能够在反复的阅读实践中养成。《初中语文新课程标准》中提出:"养成读书看报、收藏图书资料的习惯,乐于与同学交流""养成默读习惯,有一定的速度,阅读一般的现代文每分钟不少于 500 字"。①

（三）对阅读的思想情感进行评价

阅读教学过程应该是让学生产生愉悦的情绪与积极的情感。因此，学生在阅读学习中的情感就成了阅读教学的评价内容。

1. 健康阅读。

从狭义上说，健康阅读指的就是在阅读学习时应做到用眼卫生、用脑卫生和心理卫生等。学生在阅读时需要注意以下四个方面。

第一，学生在阅读时要考虑阅读环境，如阅读环境中的光线。尽量在白天阅读，因为自然光是最佳的阅读光线。

第二，学生要注意保护眼睛，注意用眼休息。因为目不转睛地阅读会让学生的眼睛产生疲劳感，得不到必要的水分及血液供应。因此，学生要多做眨眼动作。

第三，学生要注意用脑卫生。健康的大脑是阅读的物质基础。因此，集中思考的时间不宜过长，注重劳逸结合，加强锻炼。

第四，要保持健康的身体与良好的情绪。健康的视力与脑力都来自健康的身体，持久的紧张与厌倦会让学生的眼睛变得呆滞，导致他们在阅读时常常会出现视力模糊及无法敛神注视等问题。

以上内容充分说明了学生的身体健康与良好的兴趣是保证视觉器官健康的重要条件，也是健康阅读的有力支持。

2. 信心阅读。

信心阅读是一种积极的阅读心理品质，表现为阅读积极时的自主性，重视和信任自己的阅读能力。因此，信心阅读对提高学生的阅读心理有很

① 中华人民共和国教育部. 初中语文新课程标准[M]. 北京：人民教育出版社，2001：4，7.

大的促进作用。

3. 尊重阅读。

尊重阅读有以下两层含义：一是指教师对学生的阅读评价要重视学生的个性化阅读；二是学生要尊重文本与作者。阅读是学生的个性化行为，他们对阅读文本的反映是独特的，学生的认知、个性、气质等导致他们的感悟是不一样的。但是，不管怎样，学生都不能无视作者的思想与文本的主题。

4. 审美阅读。

在阅读教学中，教师应该让学生在阅读中享受审美的乐趣，突出审美的价值。教师要积极倡导审美阅读方式，在阅读中享受审美乐趣。审美阅读是一种综合心理活动。从阅读目的来说，学生在感知阅读文本时主要依赖于逻辑思维，获得审美感受则依赖于形象思维。在审美阅读中，形象思维、抽象思维、灵感思维是并重的，各种心理因素需要共同发挥作用。

（四）对阅读能力进行评价

阅读能力是阅读教学的最关键部分，也是阅读评价的最主要内容。阅读评价可以从以下几个方面进行。

1. 认读能力。

认读能力就是对文字信息做出迅速而准确地感知、辨识。学生要学会辨别字形、读准字音、理解字义。有一项统计证明："对于一般的政治、科技、文艺书刊，识得 2 400 字，识字率为 99.0%；识得 3 800 字，识字率可达 99.9%。"

2. 理解能力。

理解能力是指在感知材料的基础上，学生利用自己的原有知识与生活经历,经过现象、联想、分析等思维活动,深刻了解阅读文本的思想内容与语言形式。理解能力是阅读的核心,是阅读能力的基本要求。

3. 吸收能力。

吸收能力是指将阅读材料中对自己有用的信息储存在大脑之中,在必要的时候进行再现、借鉴等。

4. 速读能力。

阅读速度就是学生在单位时间内阅读材料的数量,是评判阅读能力的重要组成部分,也是阅读评价的重要指标。

5. 语感能力。

语感能力是指学生迅速感知语言文字的能力,表现为在语境中理解词语,迅速把握文章内容,产生情感共鸣等。

6. 鉴赏能力。

鉴赏能力是指学生对阅读材料的思想内容、表现形式、风格特点等进行鉴别,是学生在阅读中产生的审美感受。

7. 迁移能力。

迁移能力是一种较高层次的阅读能力,是学生在理解与鉴赏的基础上,通过思辨与批判来完成阅读的行为,从而完成知识的迁移,如举一反三、触类旁通。

8. 创造能力。

创造能力是层次最高的阅读能力,是指在阅读中有新的发现、对事物有新的看法或者是能够提出新的问题。

(五)对阅读方法进行评价

方法是关于解决思想、说话、行动等问题的门路、程序等。显然,阅读方法便是阅读中的门路、程序。如果学生能够掌握并运用科学的阅读方法,他们便能够进行独立阅读,获益匪浅。因此,评价学生的阅读方法成为阅读评价的重要组成部分。前文已经对阅读方法进行了具体的介绍,在此笔者就不多加论述了。

三、阅读评价的方式方法

较为高超的阅读能力是现代每个公民必备的素质。因此,对学生的阅读进行评价,以此来培养与提高他们的阅读能力十分重要。下面,笔者对阅读评价的方式方法展开探讨。

(一)阅读评价的方式

1. 学生自评。

自评是学生对自己的学习所进行的评价,是学生对自己的阅读过程的自我调控,能够使其正视自己的阅读学习情况,以便及时调整与改进。在自评的基础上,学生也能够正确地对待他人的阅读学习。

2. 学生互评。

学生互评就是让同一个班级内的学生进行互相评价。这种评价方式的优点在于同学之间都比较了解,他们的评价也比较贴近实际情况,较为中肯、客观。这种评价方式能够让学生取长补短,促进学生的共同进步。

3. 教师点评。

教师点评就是教师对学生的阅读进行评价,是十分普遍且久远的评价方式。通常情况下,教师会根据教学大纲、教材内容等对学生进行点评,并且方式十分多样。例如,对学生进行与阅读活动有关的提问,对学生进行检查,对整个班级进行测试。

4. 家长参评。

家长参评就是学生家长对学生的阅读活动进行评价，是一种定性评价。学生家长对自己子女的学习情况十分关心，特别是有一部分课外阅读是学生在家中完成的，这就需要家长参与阅读评价。

总之，阅读评价方式要突出学生的自评，教师要相信每个学生都具备自评的能力，相信他们能够客观、公正地评价自己的阅读状态，也相信他们能够客观地看待他人。

(二)阅读评价的方法

根据不同的标准，阅读评价的方法也不尽相同。

1. 单项评价与综合评价。

单项评价能够考查学生的阅读素养与能力，教师可以根据课程目标的阶段要求对学生进行单项评价。例如，教师可以将阅读能力的各个能力组成部分进行单项评价。

综合评价是指教师应该对学生的阅读整体素质进行评价，综合考虑学生阅读的各个要素，从整体的层面进行评价。

2. 定性评价和定量评价。

定量评价是指教师根据学生课内和课外的阅读数量、阅读速度、在阅读上花费的时间等进行的定量评价。这种评价方法既有口试，也有笔试，可供学生选择。例如，在考查学生的朗读能力时，教师可以使用朗诵的方式进行考核。

定性评价是对学生的阅读过程进行评价，包括学生的考试结果、阅读训练、阅读的积极性等进行综合分析。定性评价能够帮助学生正视自己的进步与退步，使学生在享受成功的同时，能够保持虚心求教的心态。

《初中语文新课程标准》中明确指出："要坚持定性评价与定量评价相结合,全面反映学生语文学习的状态及水平。"①

3. 形成性评价与终结性评价。

阅读能力是在学生的学习过程中形成并发展起来的。因此,阅读评价应该关注学生阅读能力的形成过程,关注学生的阅读兴趣与潜能等。在实际的教学活动中,教师一定要注意观察并记录学生的阅读过程和成长,全方位考查学生的阅读水平,客观地分析学生阅读能力的形成与发展。

终结性评价包括期中评价、学期评价、学年评价、学段评价。这是对学生在某一时期所形成的阅读能力进行评价,也是另一轮形成性评价的基础。《初中语文新课程标准》中指出:"形成性评价关注学习过程,有利于及时揭示问题、及时反馈、及时改进教与学活动。终结性评价关注学习结果,有利于对教学活动做出总结性的结论。形成性评价和终结性评价都是必要的。"②

因此,教师要利用多种评价方法综合、全面、细致地考查学生的阅读能力,构建出一个合理的阅读评价体系。

---

① 中华人民共和国教育部. 初中语文新课程标准[M]. 北京:人民教育出版社,2001:11.
② 同①。

第四节 课堂阅读教学有效途径的实践尝试

在本书的第三章中，笔者对在初中语文阅读中常见的阅读教学方法进行了介绍。然而，在有效的阅读教学活动之中，很少有一种教学方法是单一存在的，教师需要根据具体的教学内容与学生的认知特点，合理地选择一种或多种教学方法，保证这个阅读教学活动能够激发学生的学习兴趣，使学生在阅读过程中维持边读边想的思维状态，从而优化阅读教学质量。下面，笔者将从利用阅读期待激发兴趣、利用问题明确阅读方向、利用情境引导学生的主动参与三个方面，浅论笔者在初中语文阅读课堂中的实践尝试。

一、利用阅读期待激发兴趣

阅读期待是指教师应该利用多种手段，使学生产生一种迫切阅读的心理，让学生在这种心理因素的引导下，自发展开阅读活动。实际上，阅读本身就是一个期待产生、实现期待、产生新的期待的循环往复的心智过程。这是激发学生阅读兴趣的重要手段。为了让学生产生阅读期待，教师可以设置悬念、创设情境等，激发学生的认知、情感冲突，使其不自觉地投身于阅读之中。

以下是激发学生阅读期待的教学案例实录。

巧用插图激发阅读兴趣——巧妙切入,探究描写方法

一、背景

兴趣是最好的老师。但笔者在多年的语文教学实践中发现,许多学生对阅读课文兴趣不高,有的急于解答阅读题甚至不读课文,以至于答题时以偏概全,张冠李戴,文不对题,答非所问。针对这种情况,如何激发学生的阅读兴趣,就成了突出教学重点、化解教学难点、提高教学效率的关键所在。为此,在教授《福楼拜家的星期天》时,笔者巧用课文中的插图切入重点,进行阅读教学。

二、教学内容和步骤

(一)导入

师:一提起星期天,大家肯定非常兴奋。大家的星期天是怎样度过的呢?想不想知道世界级的文学大师是怎样过星期天的呢?我们今天就和莫泊桑一起,到法国作家福楼拜家里去看一看。

(二)出示并完成本节任务

师:阅读课文,借助注释和工具书解决生字、生词,标注在课本上。顺便了解一下莫泊桑。

(学生读书,完成预习作业。)

师:读了这样长时间的书,大家一定很累。相比较而言,读书和看图片大家更喜欢哪一种?不用说,一定是看图片。今天我们不读书了,就只看课本上的图片。不过,得完成一个简单作业。那就是得认出图片中的每个人物是谁,而且要有根据。

(师生互动。)

注意:要想指出图片中人物的名字并说出理由,只有在课文中找。在

这种轻松愉快而又积极热烈的气氛中，学生是急于要找到证据证明自己的观点的，从而达到增强阅读兴趣的目的。

师：为什么大家能认得这么准？这主要得益于作者抓住了人物特征来描写人物。描写人物的方法有哪几种？试从肖像、语言、行动、神态等方面分析四位作家的性格特征。

（学生根据插图中人物的肖像、神态、动作来分析。）

师：细心的同学一定会发现，画面上除了四位作家还有一个人。他是谁呢？他在这里有什么作用？从他在画面中的位置来看，他和大家应该是怎样的关系？

（学生细心观察，分析细节描写在文章中的作用。）

师：画面中站在最醒目、最突出位置上的人是谁？画家为什么要把他放到这个位置上？这种手法对我们写文章有怎样的启示？

（从画面布局的特点上得出文章材料详略安排上的特点。）

师：福楼拜曾对莫泊桑说："你所要说的事物，都只有一个词来表达，只有一个动词来表示它的行动，只有一个形容词来形容它。因此，就应该去寻找，直到发现这个词，这个动词和这个形容词，而绝不应满足于'差不多'……"这段话是什么意思？试从课文中找出准确而生动的人物描写的词语或句子，以验证福楼拜对莫泊桑创作的影响。

（学生畅所欲言，言之成理即可。）

（三）本课小结

（略。）

（四）作业

假设此时四位大作家正在谈论着文学方面的事情，这时门铃响了，来者不是别人,正是莫泊桑。请你抓住这四位作家的不同的性格特征来想象一下,此时这四位作家会用什么样的表情、语言和动作来迎接莫泊桑的到来呢? 同学们不妨也动手来写一写。

三、结果

以课文插图为切入点这一做法, 不但最大限度地激发了学生的阅读兴趣,而且极大地提高了课堂教学效率。学生们在课堂上的表现空前活跃,下课铃响了,还三五成群、余兴未尽地指着课本争论。且不说其他效果如何,单就激发学生阅读兴趣方面来说,本节课的教学效果就是显而易见的。

四、案例评析

学生天性好奇,喜欢新鲜事物,喜欢探究问题,更喜欢发表不同意见。但是,通常的教学方法往往不能够为学生提供展现自己的空间,扼杀了他们的求知欲望,削弱了他们的学习兴趣。因此,学生不愿意品味语言,不愿意多读课文。本案例巧妙地找到了课文插图这个切入点,围绕教学目标和教学重点巧连妙缀地提出了一系列新奇有趣、有挑战性且容易引起争论的问题,为学生提供了一个充分展示自我的平台。学生阅读的兴趣、求知的欲望、审美的品位等方面在看图片、读课文、辨对错、明是非的过程中得到了提升。可以说,本案例以课文插图为切入点这一做法是非常成功的。

二、利用问题明确阅读方向

一直以来,利用问题展开阅读教学是初中语文教师常用的教学手段。不可否认,现在的阅读教学方法十分多样化、现代化,但是以问题来引导学生的讨论、探究、阅读，对于培养学生的创新思维、实现学生的个性化发展依然有着十分重要的作用。另外，学生的阅读经验还不够丰富，他们在阅读时很容易失去方向与目标。在这种时候，教师可以利用问题明确阅读方向，使学生时刻谨记阅读目标是什么，以此保证整个阅读活动是有效的。然而，在利用问题法来引发学生的思考与阅读时，教师要注意营造良好的讨论氛围，这是避免问题教学流于形式的重要前提。教师还要做好充足的课前准备，吃透教材，准确把握阅读教学的重点、难点。因为学生的阅读水平是不同的，所以教师在设计问题的时候，要兼顾所有的学生，使所有的学生都能够参与阅读教学活动，使每位学生都能有所思、有所得。

例如，在教授《变色龙》时，教师可以设计层次不同的问题：第一层，"奥楚蔑洛夫的基本性格是什么？"学生通过阅读文本直接得出问题答案"善变"；第二层，"他'善变'的特征有哪些？"这个问题能够激发学生的讨论热情，使学生的阅读兴趣变得高涨，纷纷答"变得快""反复无常""蠢""好笑"等；第三层，"他虽变来变去，但有一点是没有变的，那是什么？"学生通过阅读文本及对前面问题的思考，得出"见风使舵"这一答案；第四层，教师顺势利导，提出层次较深的问题："是什么原因使他一变再变？作者为什么要塑造这个形象？"由此，便可完成探讨课文主旨的阅读教学目的。

三、利用情境引导学生主动参与

大部分的学生都习惯阅读，但是由于受到时空限制，不了解一些文本的创作背景与作者的写作目的，所以对文本的感触十分浅层，这也让学生即使想主动参与阅读教学,也显得无能为力。还有一部分学生虽然喜欢阅读,但不喜欢上死板的阅读课,所以他们在阅读课上的参与度也很低。在这种时候,教师要注意为学生创设具体的教学情境,再现或还原文本故事的发生场景;或者是将作者的生活背景生动地展示在学生眼前,使学生在具体的场景之下产生阅读期待,从而保证学生能够主动参与到语文阅读课堂之中。

以下列举两个关于初中语文阅读教学案例的分析进行详细说明。

案例 1:《狼》教学设计

一、教材依据

本节课选自人民教育出版社义务教育课程标准试验教科书七年级下册第六单元(第 30 课)。

二、设计思路

(一)教材分析

本文选自《聊斋志异》中《狼三则》的第二则,是清朝作家蒲松龄写的一篇笔记体小说,叙述了两只狼与一个屠户之间的一场较量:狡诈的狼想吃掉屠户,最终却双双毙命于屠户刀下。本文篇幅短小,结构紧凑,情节曲折,语言简练生动。随着情节的波澜起伏,生动形象地表现出狼的贪婪、凶狠、狡诈的本性和屠户勇敢、机智的斗争精神。

(二)设计理念

学生初学文言文,对文言知识缺少足够的字词积累,但本文篇幅较短,内容并不难懂。因此,笔者决定在授课中遵循文言文学习和学生认知的一般规律,通过"四读"(一读:读准字音;二读:读出节奏;三读:读懂内容;四读:读出情感)的方式,使文言文的语言学习融入思想情境的感知中,一步一步地引导学生自己进入学习的领域,从自己的学习实践中逐步掌握文言文阅读的基本方法。

三、教学目标

(一)知识与能力

研读文本,理解重点虚词"之";通过探讨问题深入理解文意,领悟狼的狡猾与屠户的勇敢、机智。

(二)方法与途径

通过自主研读、合作探究的方式理解文意。

(三)情感与评价

通过诵读,感受故事情节的艺术魅力;通过研读课文,懂得在生活中,对待邪恶势力不仅要敢于斗争,还要运用智慧,善于斗争。

(四)现代教学手段的运用

多媒体课件。

四、教学重点

通过理解重点字、词、句来理解课文的寓意;紧扣情节,培养学生丰富的想象力。

五、教学难点

对文章主旨的探究、领悟、理解。

六、教学准备

制作"四步十二法"导学案;制作多媒体课件;学生完成"四步研读预习表"上的内容(常识研读:作家作品、写作背景、文体;文本研读:生字新词、情节研读、基本结构、文章主旨;艺术研读:立意、选材、结构、表现手法;生活研读:自己的启示与感悟)。

七、教学课时

1课时。

八、教学过程

(一)自主学习

1. 导入。

出示PPT,学生观看狼的图片及解释,猜出成语。

PPT 1:形容大声哭叫、声音凄厉——鬼哭狼嚎;

比喻把坏人或敌人引入内部——引狼入室;

比喻凶暴的人居心狠毒、习性难改——狼子野心;

四处都是报警的烟火,指边疆不平静——狼烟四起;

形容心肠像狼和狗一样凶恶狠毒——狼心狗肺。

今天我们要学习的内容就和这几个成语的主角有关,请同学们大声说出今天的课题——狼。

2. 预习共享。

(略。)

(二)引领探究

1. 一读:读准字音。

学生自读:画出自己认为难读的字词,做好标注。可借助课下注释及工具书。

学生范读:一名学生朗读,其他学生听读后补充或点评。

教师正字正音:缀 zhuì,窘 jiǒng,苫 shàn,蔽 bì,弛 chí,眈 dān,瞑 míng,隧 suì,尻 kāo,黠 xiá。

2. 二读:读出节奏。

小组讨论以下节奏的划分并说出划分依据。

第 2 段:后狼止而前狼又至。

第 3 段:屠大窘,恐前后受其敌。

第 4 段:其一犬坐于前……意将隧入以攻其后也。

第 5 段:禽兽之变诈几何哉?

(学生齐读。)

3. 三读:读懂内容。

小组合作,结合预习表与课下注释理解文意,记录下自己有疑惑的地方,组内解决。

师:你能流利地讲出这个故事吗?

(学生复述课文内容。)

4. 四读:读出情感。

(层层深入,揭示主旨。)

5. 课文中写出狼的本性的语句。

贪婪凶恶:缀行甚远;一狼得骨止一狼仍从;后狼止而前狼又至;而两狼之并驱如故。

狡诈阴险:一狼径去,其一犬坐于前。目似瞑,意暇甚;意将隧入以攻其后也。

6. 文章如何刻画屠户的形象(要求从人物描写方法入手,找出课文例句并分析)。

心理描写:惧——投骨避狼;大窘——骨尽狼仍从;恐——前后受其敌;悟——刀劈两狼。

动作描写:"投以骨""复投之""顾""奔""倚""弛""持""暴起""劈""毙""转视""断""毙"这些动词写出了屠户有勇有谋、敢于斗争、善于斗争的精神。

7. 引出主旨。

师:如此狡猾的狼,最终却自取灭亡,这是为什么? 这个故事给了你哪些启示?

(学生思考,六人小组讨论后回答。)

问题的答案就是本文的主题所在——人有狼没有的智慧、勇气和力量。对于像狼一样阴险狡诈的恶势力,不能存有幻想、妥协退让,要敢于斗争、善于斗争,这样才能取得胜利。

(三)训练检测

对比阅读:

牧竖

(清)蒲松龄

两牧竖①入山至狼穴,穴有小狼二,谋分捉之。各登一树,相去数十步。

少顷,大狼至,入穴失子,意甚仓皇。竖于树上扭小狼蹄耳故令嗥;大狼闻声仰视,怒奔树下,号且爬抓。其一竖又在彼树致小狼鸣急;狼辍声四顾,始望见之,乃舍此趋彼,跑②号如前状。前树又鸣,又转奔之。口无停声,足无停趾,数十往复,奔渐迟,声渐弱;既而奄奄③僵卧,久之不动。竖下视之,气已绝矣。

(《聊斋志异·牧竖》选段)

168

1. 注释。

①牧竖：牧童。竖，童仆。②跑：兽类用足扒土。同"刨"。③奄奄：气息微弱的样子。

2. 翻译。

两个牧童走进山林里(恰好)走到一个狼窝前，窝里有两只小狼，(两个牧童)谋划着各抓一只。(他们又)各自爬上一棵树，两棵树相距几十步远。

过了一会儿，大狼回来了，它钻进狼窝看见小狼不见了，神情十分惊慌。一个牧童在树上扭小狼的爪子和耳朵，让它哀号；大狼听到小狼的叫声，仰头看见了(牧童和小狼)，愤怒地冲到树下，一边嚎叫一边连爬带抓(着树干想爬上去)。(这时)另一个牧童也在另一棵树上扭着另一只小狼的脚和耳朵令它急急地哀号；大狼听到另一只小狼的哀号后停下来四处张望看见另一棵树（上的小狼和牧童），它又放弃这棵树奔跑向另一边，(它)边刨土边嚎叫像刚才一样。第一棵树上的小狼又叫，它又回身奔向第一棵。口中叫个不停、脚下奔跑不止，来来回回跑了几十趟，跑得渐渐慢了，叫声渐渐弱了；不一会儿，(就累得)奄奄一息，直挺挺地倒在地上，过了许久，便一动不动了。牧童爬下树一看，大狼已经断了气。于是得到了两只小狼。

3. 导读。

狼虽然是凶残的动物，但狼所表现的母爱令人感动。两牧童利用狼的母爱天性而杀害狼未免过于残酷。不管是人类还是动物，母爱永远是伟大的。

说说自己读完《狼》与《牧竖》的感受。

（四）总结升华

师：说说自己这节课有什么收获。（知识梳理、规律总结）

多媒体呈现课文寓意主旨。

PPT 2：狼虽然贪婪凶恶、狡诈阴险，但十分愚蠢，在有高度智慧和勇敢精神的人面前，终究难逃灭亡的命运。对待像狼一样的恶势力，不能存在幻想、妥协退让，要敢于斗争、善于斗争，这样才能取得胜利。这些体会正是蒲松龄的两则狼的故事告诉我们的。

主旨：对待像狼一样的恶势力，不能心存幻想、妥协退让，要敢于斗争、善于斗争，这样才能取得胜利。

九、教学反思

诵读是学习文言文的重要手段，也是培养语感、帮助理解的主要方法。因此，本节课指导学生通过自读、齐读、默读、范读等形式读准字音、读出节奏、读懂内容、读出情感。之后，让学生借助工具书和课文注释进行自读理解、疏通文义。

其间，教师起到指导作用，学生以自主学习为主。学生在整体感知的基础上，用六人小组合作探究的形式围绕"四读"及问题，分析理解课文的内容、形象和寓意并联系实际，谈谈得到的启示。这是学习本文的主要目标。"训练检测"环节中的"对比阅读"可充分发挥学生的求异思维，使其拓展思路，全方位的认识事物。

案例2:《中国人失掉自信力了吗》——初中语文学科教学设计征文

一、整体设计说明

(一)教材说明

《中国人失掉自信力了吗》是人教版九年级语文上册第四单元的一篇议论文。《初中语文新课程标准》中指出:"在语文学习过程中,培养学生的爱国主义情感、社会主义道德品质,重视语文的熏陶感染作用,注意教学内容的价值取向⋯⋯"鲁迅的这篇杂文选择了特定历史时期敌方的论调,在以大量事例对敌方错误论调进行无情的鞭挞基础之上,作者又提出了自己的论点,进而进行了论证,这是对学生进行爱国主义教育及语文知识熏陶的极好文本。

(二)教学目标

1.知识目标:理解重要语句的深层含义。

2.能力目标:学习驳论文的一些知识。

3.情感目标:弘扬爱国主义精神,增强民族民主意识,增强民族自信心和自豪感。

(三)教法

诵读法:加强朗读增强感知、感悟。

品读法:读重点语句,品味思想内涵。

讨论式:讨论问题,互相启发、补充。

探究式:变换角度思考问题,拓展思维。

比较法:在比较阅读中完成知识的迁移。

(四)学法

本课教学过程分为四大板块,即"积极地说——默默地看——仔细地析——勇敢地写"。指导学生通过"听、说、读、写(不匹配)"四个环节感受文章所体现的自信心,并在此过程中培养其相应的能力。

(五)现代教学方法

录音机、电脑、投影仪。

二、教学目标

1. 识记字词及文学常识。

2. 学习写驳论文的方法。

3. 理解重要语句的深层含义。

4. 学习文章的写作技巧。

5. 体会鲁迅的忧患意识和爱国精神,弘扬爱国主义精神,增强民族自信心、自豪感。

说明:完成首项目标意在了解基础知识;完成第二项目标意在掌握驳论文结构;完成第三项目标意在理解课文内容;完成第四项目标意在学写驳论文体;完成第五项目标意在领会课文主旨,培养学生情感。

三、教学课时

1 课时。

四、教学过程与方法

(一)导语

师:同学们,请列举进入 21 世纪以来,中国这个伟大国家取得的举世瞩目的成就。

生:(学生抢答)喜事不断,中国人感到从未有过的幸福、自豪。

师：然而，几十年前的中国是怎样的面貌呢？那时的中国人又是怎样的精神状态呢？当时，有一位思想的巨人、顽强的战士洞悉时世，振臂呐喊，冲锋陷阵——他，就是鲁迅。今天，我们来学习他的一篇杂文《中国人失掉自信力了吗》，看看我们能从中得到什么新的启发。

(板书课题。)

(二)识记字词和文学常识

1. 基础知识。

(1)弄清字词读音。

搽 chá　　　　玄虚 xuán　　　　省悟 xǐng

渺茫 miǎo　　　脊梁 jǐ　　　　诓骗 kuāng

(2)解释下列词语。

玄虚渺茫诓骗；

怀古伤今为民请命自欺欺人。

2. "九一八"事变与写作背景。

(1)"九一八"事变。

1931 年 9 月 18 日，日本帝国主义突然向沈阳进攻，蒋介石下令不许抵抗，"国民党"军队不战而逃。不到半年，日本帝国主义就占领了我国东北三省。"国民党"政府腐败无能，采取不抵抗政策，"南京政府束手无策""单会去哀求国联"(国联即国际联盟的简称，是英法等帝国主义国家为瓜分世界和调节相互矛盾，于 1920 年成立的国际组织)。哀求国联无效后，一些国民党官僚和"社会名流"，以祈祷"解救国难"为名，多次在一些大城市举办"时轮金刚法会"等，"一味求神拜佛，怀古伤今"。因此，在当时有些人便散布对抗日前途的悲观论调，指责中国人失掉了自信力。

(2)写作背景。

针对上述情况,鲁迅于1934年9月25日,正是"九一八"事变三周年之后,为批驳这种错误论调,鼓舞民族的自信心写了这篇杂文。

题目《中国人失掉自信力了吗》是一句反问句,意即中国人没有失掉自信力。

鲁迅,原名周树人,浙江绍兴人,我国伟大的无产阶级文学家、思想家、革命家。他的作品很多,有小说集《呐喊》《彷徨》等,散文集《朝花夕拾》,诗歌集《野草》,杂文集《二心集》《而已集》《南腔北调集》《且介亭杂文集》等。本文选自《且介亭杂文集》。

3.驳论文简介。

本文是一篇驳论文。这种文体一般是先指出对方错误的实质,或直接批驳(驳论点),或间接批驳(驳论据、驳论证),继而针锋相对地提出自己的观点并加以论证。从广义上来看,这又是一篇杂文,杂文短小精悍,写法灵活。鲁迅的杂文有"投枪""匕首"之喻,由此也可窥见鲁迅杂文风格之一斑。

(三)研习课文

1.把握整体,厘清思路。

师:对方的错误观点(谬论)是什么?作者为什么认为它是错误的?作者正面提出的观点是什么?作者提出观点的依据是什么?

生:对方的错误观点是"中国人失掉自信力了"。

理由:因为信"地"、信"物"、信"国联",从来就没有相信过自己;而现在的求神拜佛,则是在自欺。作者正面提出观点:中国有并不失掉自信力的中国人,有过去和现在的事实为证。

解说:让学生整体感知,迅速筛选信息,获取要点。首次学习驳论文,初读时迅速圈画出观点和论据是方法之一。

2. 细心研读,突出重点。

(1)齐读第 1~5 段,讨论探究。

问题 1:既然作者认为对方的观点是错误的,为什么还承认对方说的全是"事实"?

分析:承认对方说的是"事实"是假,通过分析事实后发现对方要说的其实不是自信力的问题是真,这样对方的观点就不攻自破了。

此谓驳论一大方式,由真实依据推导错误结论,从而证明对方观点站不住脚。明确指出对方论据证明论点的过程难以成立,此乃驳论证——欲擒故纵,先"扬"后"抑",犹如抖包袱,吊读者胃口,致讽刺效果。

批驳论证,关键要能透过现象看本质,因为对方或为己方利益,或认识局限,往往用事实掩盖真相,这就需要作者能拨乱反正。所以,批驳论证比批驳论点和批驳论据更能体现智慧与力量。

问题 2:第 5 段中有一段文字,"国民党"曾删掉这段文字,这说明什么?

分析:该段中的"求神拜佛"恐怕是国民党在山穷水尽时自欺欺人的最后一招。鲁迅是个现实感很强的人,他一针见血地指出"求神拜佛"的危害和后果,这自然触到国民党的痛处,并且让他们陷入捉襟见肘的境地。因此,敌人唯恐去之不及。从这段文字中也可以看到鲁迅的境况,他却不惮于在枪林弹雨中为民众奔走呼号,其大无畏的精神令人敬佩。

(2)默读第 6~9 段,讨论探究。

问题 3:"中国的脊梁"指什么人?

分析:"中国的脊梁"是指脚踏实地地为民族的进步而奋斗的人们,他们是中国的"脊梁"。

问题4:为什么他们的牺牲不能为"大家"所知道?

分析:这些人往往来自下层或代表着广大民众的利益。但由于中国长期的专制奴役统治,"中国人向来就没有争到过'人'的价值,至多不过是奴隶"(鲁迅《灯下漫笔》),许多事情自然无权知道真相。另外,近代以来的许多社会变革多缺乏对广大民众的宣传发动。这样一来,对为"他们"的自由尊严而牺牲的先驱者,"他们"多半表现出"看客"心态。基于此,文中虽然没有提到,但结合当时的社会现状,不能说没有这个因素。

问题5:"状元宰相""地底下"的含义分别是什么?

分析:那些"状元宰相"是指统治阶级的御用文人。鲁迅曾评述御用文人"他的帮法,是在血案中而没有血迹,也没有血腥气",他们的功能就是为世道搽上"自欺欺人的脂粉"。

"地底下"指变革社会的积极力量,因为它来自民众,故称"地底下"。在当时,这股力量指中国共产党。他说:"那切切实实,足踏在地上,为这现在中国人的生存而流血奋斗者,我得引以为同志,是自引以为荣的。"(《答托洛茨基派的信》)

把"状元宰相""地底下"相对比,可看出鲁迅的"立人"精神和民本思想。

解说:这样可以让学生结合背景深入揣摩语句的深层含义,并学习用形象生动的语言揭示深刻的道理。

3.欣赏品味,感受细节。

问题6:第1段中三个副词"总""只""一味"能否互换位置?为什么?

分析:不能。

"总"既写出了国民党腐败政府夸耀"地大物博"时的洋洋自得,又写出了夸耀者的不足底气,也暗示了"只求国联"的必然性。

"只"是抓救命稻草时的"执着",仰人鼻息之状跃然纸上。

"一味"是沉迷于其中的滋味,深陷而不能自拔。

解说:这三个副词准确地写出了国民党政府在自欺的道路上越走越远的"事实",极富讽刺意味。

问题7:揣摩下列加点字词的表达效果。

"……不过一面总在被摧残,被抹杀……那简直就是诬蔑。"

分析:"总"写出当时社会的黑暗程度,并间接讴歌"中国的脊梁"屡挫屡战的精神。"简直"表达了作者的激愤之情。

4.课堂训练。

问题8:鲁迅用什么方法批驳对方的错误论调?

分析:用了驳论证的方法,即指出对方的论据不能证明其观点,然后正面立论"中国有并不失掉自信力的中国人在"。

问题9:"中国的脊梁"在当时有什么意义?

分析:鲁迅反复赞扬"中国的脊梁",可以鼓舞斗志,增强中国人的自信力。因为当时国民党到处散布悲观论调,广大民众也因"中国的脊梁"总被摧残、被抹杀而感到前途渺茫,难见光明。

5.课堂小结。

《中国人失掉自信力了吗》以驳论证的方式逐层推进地批驳了"九一八"事变三周年后,有些人慨叹的"中国人失掉自信力了"的谬论。该文揭露了国民党政府的卖国投降本质,肯定了中国共产党及其领导的广大抗日军民所做出的巨大贡献。

文章语言犀利,带有强烈的讽刺意味。

议论文从论证方式看,一般可分为立论和驳论两种。立论是就一定的事件或问题,提出并阐明自己的见解或主张。驳论是就一定的事件或问题发表议论,批驳片面的、错误的,甚至反动的见解或主张。

一般说来,批驳对方的论点主要有以下三种方式:一是直接批驳对方的论点;二是驳论据;三是驳论证。

(四)课文结构

1. 多媒体展示(《中国人失掉自信力了吗》)。

(1)提出问题。

第一部分:(第1、2自然段)摆出论据,抛出敌论点。

(2)分析问题。

第二部分:(第3~5自然段)批驳推进,揭露本质(进行直接批驳)。

第三部分:(第6~8自然段)提出论点,歌颂"脊梁"(进行间接批驳)。

(3)解决问题。

第四部分:(第9自然段)划定标准,发出号召。

2. 教师板书。

讽刺的力量:爱憎分明。

"投枪""匕首"的力量源于逻辑的力量:归谬法,破立结合。

语言的力量:尖酸泼辣,字字句句中的。

五、布置作业

1. 阅读下列一段文字,说说它和本文所表达的思想内容有什么异同。

"多有'不耻最后'的人的民族,无论什么事,怕总不会一下子就'土崩瓦解'的,每年运动会时,我常常这样想:优胜者固然可敬,但那虽然落后而仍非跑至终点不止的竞技者，和见了这样竞技者而肃然不笑的看客，乃正是中国将来的'脊梁'。"

2. 写一篇读后感，字数600。

说明：现代课堂教学中，只有深入了解教材组成、内外联系，形成适宜的教学内容，才能挖掘教材中可能具有的培养学生创新能力和全面提高素质的因素，并确定教材的重点与难点，从而设计教学方法，撰写文本教案。虽然现代多媒体技术和教学手段普遍提高了课堂教学效率，大大丰富了授课内容，拓宽了知识面，但还应根据教学大纲要求，对教学内容做出合理安排，不能结构简单、草草了事，应以教学大纲为依据，在深入钻研教材的基础上，根据自己的学术修养、教学经验，编写符合个人教学风格的个性化教案。

本教案（新教学设计）把学生的发展放在首位，不但注重学科知识的传授、学生各种能力的培养，还特别注重学生人格与品质的培养、学生个性的发展，完全符合现代教育观的主导思想。笔者认真分析了学生学习本文的准备状况、一般智力、能力水平及学习该课所需相关知识的情况，从学生的实际出发，研究有效的教学方法，撰写教案，因材施教。

在全面掌握学生的知识状况和学生的接受能力后，笔者在教案撰写中确定了哪些内容可以深入，哪些内容可以扩展，旨在提高学生的学习兴趣和对知识的理解，培养学生的创新能力。讲授完本文后，学生充分感受到鲁迅的爱国热情，从而极大地振奋了他们的自信心。

参考文献

1. 贝学问. 阅读教学, 蕴含生命的对话——从散文《绿》的课堂教学说开去[J]. 新语文学习: 教师, 2007(2): 9-11.

2. 蔡伟. 语文课程与教学研究[M]. 杭州: 浙江大学出版社, 2008.

3. 曹明海. 语文教育文化过程研究[M]. 济南: 山东人民出版社, 2005.

4. 巢宗祺. 全日制义务教育语文课程标准解读[M]. 武汉: 湖北教育出版社, 2002.

5. 陈晓文. 语文阅读教学中的问题设计[J]. 新语文学习: 中学教师版, 2007(3): 64-65.

6. 陈艺苑. 中学语文个性化阅读教学的策略[J]. 教学与管理, 2007(15): 115-116.

7. 成尚荣. 不要淡忘了课改的使命——语文教学改革主导思想的追问[J]. 人民教育, 2006(20): 32-33.

8. 褚兴中. 新课改背景下阅读教学现状的反思[J]. 语文教学通讯, 2007(6): 7.

9. 存少辉. 谈"朱子读书法"对中学语文阅读教学的借鉴[J]. 教育理论与实践, 2007(20): 59-60.

10. 冯文达. 谈谈农村中学语文阅读教学中的体验和感悟[J]. 经济与社会发展, 2007, 5(8): 219-220.

11. 高兴春. 中学语文阅读教学发散思维训练方法初探[J]. 考试: 教研版, 2007(8): 96.

12. 桂谦. 中学语文批注式阅读教学的思考[J]. 科技资讯, 2007(9): 91-92.

13. 韩克勤. 在语文阅读教学中实施互动教学初探[J]. 考试: 教研版,

2007(2):76.

14. 郝毅. 探析建构主义指导下的中学语文阅读教学[J]. 科教文汇旬刊,2007(1):58-59.

15. 何建英. 阅读课,读耶,说耶?[J]. 新语文学习:中学教师版,2007(2):113-115.

16. 何克抗. 中小学教师教育技术能力标准(试行)[J]. 中国农村教育,2005(2):4-9.

17. 黄昕. 语文阅读教学中体验性学习的研究[D]. 桂林:广西师范大学,2008.

18. 季伟明. 信息技术与课程整合的探索[M]. 广州:广东教育出版社,2003.

19. 孔爱玲. 读书会:一种行之有效的阅读教学模式[J]. 语文建设,2007(1):44-45.

20. 李国栋. 阅读教学的理论困境[J]. 语文教学通讯,2007(15):10-11.

21. 李英杰. 阅读教学实效性不高的原因及对策[J]. 语文建设,2007(9):33-35.

22. 李志清. 阅读教学中的课堂活动设计策略[J]. 语文建设,2007(7):24-26.

23. 廖贤枢. 如何在阅读教学中进行语言品味[J]. 中学语文教学,2007(9):62-64.

24. 林其雨. 浅谈自主性阅读体验与建构性语感训练[J]. 语文教学通讯,2006(10):54-55.

25. 刘帅. 令人担忧的阅读公式化[J]. 语文教学通讯,2007(2):18.

26. 苗歌. 阅读教学的误区[J]. 中小学图书情报世界,2007(5):48.

27. 潘庆玉. 语文教育发展论[M]. 青岛:青岛海洋大学出版社,2001.

28. 亓成功. 关于阅读教学"起点"的思考[J]. 语文教学通讯,2007(8):28.

29. 秦昌利,周永红. 运用线索,牵动全文——例谈阅读教学设计的几种手法[J]. 新语文学习:中学教师版,2007(1):68-69.

30. 屈伟忠. 强化阅读教学的原文意识[J]. 语文教学通讯,2007(15):20.

31. 任新明. 语文阅读教学中的主问题设计[J]. 中学语文教学,2007(8):23-24.

32. 邵瑞珍. 教育心理学:学与教的原理[M]. 上海:上海教育出版社,1983.

33. 沈坚. 如何引导学生进行沉浸式课堂阅读[J]. 新语文学习:中学教师版,2007(3):73-75.

34. 孙芳. 阅读学习论[M]. 北京:语文出版社,2013.

35. 孙建平. 有效阅读,本色语文的价值追寻[J]. 语文教学通讯,2007(4):40-42.

36. 童庆炳. 现代心理美学[M]. 北京:中国社会科学出版社,1999.

37. 王爱娣. 美国初中学生应掌握的阅读方法[J]. 语文教学通讯,2007(2):62-63.

38. 王传霖. 对中学语文阅读教学中文本意义探索[J]. 中国校外教育:理论,2007(2):38,47.

39. 汪卫兵. 文言文信息化阅读教学的优势[J]. 中学语文教学,2007

（5）:47-48.

40. 王永红. 浅谈中学语文阅读教学[J]. 网络科技时代,2007(6):59.

41. 王远航. 祥林嫂的破碗[J]. 语文教学与研究,2007(9):31.

42. 王兆平. 阅读教学中与文本对话的"距离"美[J]. 中学语文教学,2007(9):27-29.

43. 王忠. 建构主义理论指导下的中学语文阅读教学[J]. 中国科教创新导刊,2007(6):39-40.

44. 武永明. 关于个性化阅读相关问题的思考[J]. 语文建设,2007(z1):10-12.

45. 辛继湘. 体验教学研究[D]. 重庆:西南师范大学,2003.

46. 闫萍. 中学语文名篇的时代解读[M]. 广州:广东教育出版社,2007.

47. 余贻贻. 技能训练:阅读课的主题[J]. 中学语文教学,2007(10):18-21.

48. 余映潮. 阅读教学"主问题"研究与实践笔谈:我对阅读教学"主问题"的研究与实践[J]. 中学语文教学,2007(9):46.

49. 翟启明. 新课标语文教学论研究[M]. 成都:四川大学出版社,2005.

50. 张金保. 遵循阅读规律,提升阅读效率[J]. 语文教学通讯,2007(8):22-23.

51. 张磊磊. "前见"与中学语文阅读教学探索[J]. 现代语文(教学研究版),2007(4):81-82.

52. 张希辉. 从阅读鉴赏到鉴赏表达——古诗词鉴赏教学的困惑与求

解[J].中学语文,2007(Z1):25-27.

53. 张贤英.中学语文阅读教学中个性化施教策略浅探[J].语文学刊,2007(10):49-51.

54. 张正君.阅读教学语言特点论析[J].语文建设,2007(3):29-30.

55. 赵年秀.《普通高中语文标准》评析——以叶圣陶阅读课程理论为视点[J].湖南第一师范学报,2007,7(2):35-37.

56. 中国社会科学院语言研究所词典编辑室.现代汉语词典[M].第7版.北京:商务印书馆,2012.

57. 周秀芳.例说阅读教学中的语言品味[J].语文教学通讯,2007(11):27-28.

58. 朱立元.当代西方文艺理论[M].第3版.上海:华东师范大学出版社,2014.

后 记

在编写本书时,笔者以《全日制义务教育语文课程标准(实验稿)》为指导思想,以初中语文阅读教材为依据,旨在通过研究与教学,为广大一线语文教育工作者提供一些教学建议。

在编写过程中,笔者力求突显学生的主体地位。阅读教学包括阅读的教与学生的学,当然,学生的学还得依赖于教师的教。因此,学生的主体地位是否能够得到充分体现,就在于我们语文教师是否能够在阅读教学中充分激发学生的阅读能动性。另外,笔者在撰稿时十分注重理论与实践的结合,本书所提出的各项阅读教学建议,都是笔者在教学实际活动中应用并取得良好的教学效果的。为了论证这些理论知识的科学性,笔者通过阅读相关书籍、访问教研人员、查找网络信息等途径,找到了一些同仁和自己撰写过的具有代表性的教学案例与教学实录,以使广大读者更好地理解本书写作意图和文本主旨。

虽然笔者力求做到最好,但是受限于自己的教学水平和文字功底,本书还存在很多不足,值得商榷之处也比较多。今后,笔者将一如既往地认真从事语文阅读教学研究工作,期待得到各位专家和广大读者的批评斧正!